Brincadeiras de Raciocínio para Cães

CLAIRE ARROWSMITH

Brincadeiras de Raciocínio para Cães

Tradução:
Giovanna Louise

MADRAS®

Publicado originalmente em inglês sob o título *Brain Games For Dogs*, por Interpet Publishing Ltd.
© 2010, Interpet Publishing Ltd.
Direitos de edição e tradução para todos os países de língua portuguesa.
Tradução autorizada do inglês.
© 2015, Madras Editora Ltda.

Editor:
Wagner Veneziani Costa

Produção e Capa:
Equipe Técnica Madras

Fotógrafo:
Roddy Paine

Tradução:
Giovanna Louise

Revisão da Tradução:
Soraya Borges de Freitas

Revisão:
Maria Cristina Scomparini
Neuza Rosa
Arlete Genari

Dados Internacionais de Catalogação na Publicação (CIP)
(Câmara Brasileira do Livro, SP, Brasil)

Arrowsmith, Claire
Brincadeiras de raciocínio para cães/Claire Arrowsmith; tradução Giovanna Louise. – São Paulo: Madras, 2015.
Título original: Brain games for dogs.

ISBN 978-85-370-0955-0

1. Cães – Treinamento 2. Jogos para cães I. Título.

15-02399   CDD-636.70887

Índices para catálogo sistemático:
1. Cães: Adestramento: Ciências veterinárias
636.70887

É proibida a reprodução total ou parcial desta obra, de qualquer forma ou por qualquer meio eletrônico, mecânico, inclusive por meio de processos xerográficos, incluindo ainda o uso da internet, sem a permissão expressa da Madras Editora, na pessoa de seu editor (Lei nº 9.610, de 19/2/1998).

Todos os direitos desta edição, em língua portuguesa, reservados pela

MADRAS EDITORA LTDA.
Rua Paulo Gonçalves, 88 – Santana
CEP: 02403-020 – São Paulo/SP
Caixa Postal: 12183 – CEP: 02013-970
Tel.: (11) 2281-5555 – Fax: (11) 2959-3090
www.madras.com.br

Isenção de Responsabilidade

A autora e a editora não dão quaisquer garantias com relação às informações e recomendações apresentadas neste livro e, portanto, declaram-se isentas de responsabilidade pelo uso deste material.

Nota da Autora

As *Brincadeiras de Raciocínio para Cães* foram criadas para todos, mas optei por apontar os participantes como machos em todas as descrições que serão encontradas neste livro. Fiz isso tão somente para simplificar o texto, sem qualquer intenção de sugerir que algumas ou todas as brincadeiras não sejam adequadas a fêmeas.

ÍNDICE

PARTE I:
PREPARE-SE PARA AS BRINCADEIRAS

CAPÍTULO 1
INTRODUÇÃO ÀS BRINCADEIRAS 12
O adestramento deve ser constante................................13
O que é uma brincadeira de raciocínio?..................................15
Por que cães precisam de atividade?..................................15
Invista tempo em seu cão 17
A influência das raças na hora de brincar 18
Exemplos de raças e suas preferências gerais na hora de brincar.....................................21
A influência da idade na hora de brincar.......................................22
Por que a saúde é importante em brincadeiras de raciocínio....24
Que brincadeiras escolher? 26
Brincadeiras com vários animais de estimação 27
Problemas comportamentais preexistentes 28
Orientações para as brincadeiras de raciocínio................28

CAPÍTULO 2
AS HABILIDADES BÁSICAS.............. 30
Por que usar métodos positivos de adestramento?............................ 30
Regras na hora de brincar 30
Como usar recompensas em brincadeiras................................ 33
O uso de alimentos como recompensa 33
Que petiscos escolher? 36
Seu cão pode ganhar grandes prêmios!..................................... 37
Como reduzir as recompensas ...37
O que motiva seu cão? 38
Onde começar? 40
Quando começar? 40
Estabeleça metas realistas.......... 40
Faça uma pausa.......................... 42
A importância de regras adequadas 43
É uma boa ideia experimentar o adestramento com *clicker*?..... 44
Sincronia..................................... 45
Como começar a usar o *clicker*...47
Adestramento sem *clicker* 48
Como moldar comportamentos para criar uma brincadeira............48
Brincadeiras com brinquedos.....49
Considerações sobre segurança: tamanho, formato e estrutura dos brinquedos 49

Outros riscos de lesão.......................... 51
Como ensinar habilidades básicas para brincar a cães tímidos ou jovens.... 53
Cães resgatados......................... 55
Como evitar problemas e resolver contratempos 55
Faça um gráfico de seu progresso 58
Como usar sinais manuais 58
Introdução de comandos verbais 60
Como simplificar os comandos.. 62
O que fazer quando o treino não sai como planejado 63
Evite castigos durante as brincadeiras................................ 64
Prepare-se para brincar 65

PARTE II:
QUE COMECEM AS BRINCADEIRAS

CAPÍTULO 3
PASSATEMPO DE FILHOTE 68
Filhote "nhac-nhac".................... 68
Filhote vai buscar 70
Já pra cama................................. 72
Pega e solta 75

CAPÍTULO 4
BRINCADEIRAS EM CASA 78
Brinquedos de passatempo e para espantar o tédio................. 78
Brinquedos de passatempo 81
Brinquedos caseiros para espantar o tédio 84
Garrafas plásticas....................... 84
Brinquedo-comedouro de retalho 85
Procura!...................................... 87
Zigue-zague entre as pernas...... 89
Salto 91
Dança do limbo..........................93
Disparada ao som da campainha 95
Cadê minhas chaves? 98
O faxineiro canino..................... 100
Arrume os brinquedos............. 102

CAPÍTULO 5
BRINCADEIRAS PARA ÁREAS PEQUENAS................................104
Apontar e tocar......................... 105
Tocar marcadores..................... 107
Transfira o marcador 108
Toque de patinha..................... 110
Feche a porta 111
Agility em lugares fechados..... 113
Caixa de brincar....................... 114

Capítulo 6
Brincadeiras para Jardim e Quintal 116
Caça ao tesouro enterrado 116
Picolés 118
Corda elástica 119
Pular corda 120
Como criar uma pista de obstáculos ao ar livre 122
Pular bambolês 122
Corrida no túnel 125
Passeio em zigue-zague 126

Capítulo 7
Brincadeiras para Curtir Durante Passeios 128
Alegria prolongada 128
Cão *skatista* 131
Esconde-esconde 134

Leva 135
Pista de obstáculos naturais 137
Corrida do ovo na colher 139

Capítulo 8
Brincadeiras Verbais 140
Truques multilinguais 141
Desfile da identificação dos brinquedos 142

Capítulo 9
Brincadeiras para Viagens 146
Diversão no carro 147
Pegue o petisco 147
Cara de paisagem 148

Capítulo 10
Brincadeiras na Água 152
Abocanhar petiscos flutuantes ... 152
Mergulhos 154
A grande corrida aquática 156

Capítulo 11
Brincadeiras para Cães Menos Ativos 158
Como equilibrar um petisco em uma pata 158
Equilibre um petisco no focinho 160
Cãozinho tímido 161

Capítulo 12
Brincadeiras de Procurar 162
Visão canina ultrarrápida 163
Longe dos olhos, mas não da mente 165
Vai buscar 168

Rastejar 204
Hora de dormir! 206
Truques em grupo para festas 209

CAPÍTULO 16
BRINCADEIRAS COMPETITIVAS 210
Agility 210
Flyball 211
Frisbee, Lançamento de Disco
ou *Disc Dog* 211
Obediência 212
Heelwork to Music ou no
Freestyle Canino 212
Competições para cães da
terra 213
Perseguição à Presa 213
Mergulho de Prancha ou
Splash Dogs 213
Rastreamento 214
CaniX 214
Corrida de Trenó 215
Provas de campo 215
Provas de Pastoreio 216
Rali de Obediência 216

AGRADECIMENTOS 218

CRÉDITOS DAS FOTOGRAFIAS 220

CAPÍTULO 13
BRINCADEIRAS DE POLTRONA 172
Toque com a patinha 172
Como vai você? 173
Saltar um obstáculo 174
Um lenço ao espirrar 177
Faça suas orações 179
Traz a vasilha 180
Mudando canais 183

CAPÍTULO 14
BRINCADEIRAS PARA RAÇAS
ESPECÍFICAS 186
Terriers 186
Farejadores [*Scenthounds*] 187
Pastores 189
Galgos [*Sighthounds*] 190

CAPÍTULO 15
BRINCADEIRAS PARA FESTAS 192
Aperto de pata 192
Acenar "oi" e "tchau" 195
Gira-gira 198
Rolar 200
Fingir-se de morto 203

PARTE I

PREPARE-SE PARA AS BRINCADEIRAS

Introdução às Brincadeiras

O simples fato de você estar lendo a respeito de *Brincadeiras de Raciocínio* para seu cão significa que você está preocupado em mantê-lo ativo e contente. Algumas pessoas talvez estejam buscando formas de estimular seu cão a ser mais dinâmico. Outras desejam sugestões para mantê-lo ocupado enquanto estão fora. Pode ser que ainda outras queiram apenas algumas ideias para tornar mais divertida a recreação com seu peludo. Mesmo imbuídos das melhores intenções, é normal cairmos na rotina, fazendo as mesmas velhas brincadeiras com nosso cão. E até estas podem diminuir com o passar do tempo, à medida que perdemos o interesse em seguir a mesma rotina diária.

Muitos donos afirmam que seu cachorro adora brincar, mas, quando pressionados, conseguem mencionar apenas uma ou duas brincadeiras a que o bichinho se dedica. Ter uma brincadeira favorita pode ser útil no adestramento ou para manter o cão ocupado, mas, em geral, isso não é o bastante, de modo que o animal acaba recebendo pouco estímulo ou se concentrando demais em uma única atividade, o que, por si só, pode gerar problemas. Amamos muito nossos cães e os consideramos, com toda razão, animais inteligentíssimos. O que é verdadeiramente maravilhoso é que eles de fato adoram aprender e descobrir novas maneiras de ocupar seu dia, gastar sua energia abundante e interagir com os humanos de sua convivência. Isso nos dá muitas oportunidades para exercitar nossos cães e brincar com eles. Na realidade, nossa imaginação é o único limite no que diz respeito à quantidade de coisas que podemos fazer juntos.

Esquerda Com um pouco de criatividade, você pode encontrar toda uma gama de novas oportunidades para brincar pela casa – mas tenha cuidado com bolas perto de escadas.

Acima Brincadeiras ao ar livre com um cão muito ativo são momentos em que vocês dois podem se divertir e fortalecer a relação de amizade.

Acima É surpreendente ver quantas habilidades um cão pode desenvolver quando você deixa sua imaginação voar de verdade!

O ADESTRAMENTO DEVE SER CONSTANTE

Muitas pessoas ensinam os comandos básicos a seu cão e dizem que ele já está "treinado". Não importa o que o dono diga, o aprendizado e o desenvolvimento do cachorro prosseguirão independentemente de seu dono dedicar-lhe tempo. O animal continua precisando de estímulos, atividade e diversão. Quando encontro donos de cãezinhos jovens que declaram, após um breve curso de adestramento de filhotes, que seu peludo já terminou o treinamento, costumo imaginar como seria frustrante para nós se nossa educação chegasse ao fim enquanto ainda estivéssemos na infância. Se tivéssemos de repetir as mesmas lições muitas e muitas vezes, logo ficaríamos entediados e perderíamos todo o entusiasmo. Pense em quantas limitações isso acabaria impondo ao seu estilo de vida e à sua capacidade de interagir adequadamente com o mundo e enfrentar suas dificuldades.

Do mesmo modo, é importante que a educação de um cachorro continue, principalmente porque um cão não treinado ou frustrado pode tornar-se perigoso. Por esse

Abaixo Cão feliz, dono contente. Momentos divertidos de recreação costumam resultar em maior grau de confiança mútua.

Capítulo 1

motivo, é fundamental que todos os donos de cães reflitam cuidadosamente sobre a rotina e o estilo de vida de seu peludo e encontrem tempo suficiente para criar e preparar novas brincadeiras. Os benefícios disso são enormes, uma vez que um cão satisfeito e entusiasmado estará menos propenso a desenvolver inúmeros dos problemas comportamentais mais comuns, facilitando, de modo geral, a criação de um animal de estimação.

Quanto mais tempo você dedicar ao adestramento divertido e às brincadeiras com seu cãozinho, mais forte será o vínculo entre vocês. O crescimento da amizade está vinculado a quanto vocês se divertem juntos e, a partir daí, pode-se formar um laço vital de confiança. Uma relação sólida entre um cão e seu dono é algo especial e extremamente gratificante.

Muitos cães não recebem a quantidade suficiente de estímulos durante sua vida cotidiana normal porque passam dias inteiros dentro de seu ambiente doméstico. Isso pode se tornar demasiado previsível e, para dar um nome mais humano ao sentimento, chato, o que significa que esses cães não estão levando uma vida satisfatória e feliz. Cachorros que não têm a oportunidade de gastar toda sua energia estão predispostos a se tornar bastante irritadiços e difíceis de lidar, transformando qualquer espécie de adestramento de obediência em algo penoso. Mesmo os períodos de brincadeiras com esses cães acabam diminuindo, pois eles ficam tão agitados quando você realmente tenta brincar, que eles não conseguem sequer captar a ideia de brincadeiras simples como "Vai pegar". Assim, a carência de estímulos é um fator que contribui para muitas das reclamações sobre comportamento, que podem variar desde atitudes inconvenientes e irritantes, tais como hábitos destrutivos ou latir demais, até problemas muito mais sérios e perigosos, como automutilação ou agressividade relacionada à frustração.

Acima Um cão deixado sozinho dentro de casa por períodos longos acabará por sentir-se inevitavelmente desestimulado.

Esquerda Tédio e frustração podem levar a comportamentos antissociais, como latido persistente.

O que é uma brincadeira de raciocínio?

É qualquer atividade que proporcione estímulo mental a seu cão, suprindo-lhe as necessidades de entretenimento e oferecendo-lhe um desafio ao mesmo tempo estimulante e instigante. Algumas brincadeiras de raciocínio também proporcionam estímulos físicos, igualmente importantes para o bem-estar geral de seu cão. Determinadas atividades exigem que você passe algum tempo treinando-o, ao passo que outras renderão atividades que seu peludo poderá curtir enquanto você estiver fora ou que ele desejará fazer apenas porque são divertidas.

Por que cães precisam de atividade?

Na vida selvagem, seu cão teria de trabalhar com sua matilha ou sozinho para caçar presas em potencial valendo-se de sua capacidade olfativa, sua audição e sua visão. Deste modo, ele precisaria perseguir, furtiva ou abertamente, e pegar a presa, ou até mesmo cavar a terra para tirá-la dali. Uma vez morta, a presa seria, então, dilacerada para que se pudesse chegar às suas partes mais nutritivas. Além disso, ele passaria um bom tempo explorando seu ambiente, interagindo com seus companheiros de matilha, acasalando e afugentando intrusos. As fêmeas teriam, ainda, a incumbência de criar seus filhotes.

Esquerda Sem estímulos, um cão doméstico pode levar uma vida superficial. Cachorros desse tipo são mais difíceis de treinar, porque podem ficar agitados demais quando finalmente recebem atenção.

Acima Durante a visita de amigos, um brinquedo pode manter seu cachorro ocupado e feliz ao brincar sozinho.

Capítulo 1

Embora seu cão tenha a sorte de conviver com você como um animal de estimação e não de trabalho, ele ainda apresenta uma tendência natural a utilizar seus sentidos, gastar energia e processar novas informações. Uma vida sedentária dentro de casa pode fazer com que um cachorro fique estressado e frustrado. Por sorte, é fácil propor e fazer novas atividades para mantermos felizes e satisfeitos cães de todos os tipos físicos, tamanhos, idades e temperamentos.

Behavioristas e adestradores dirão que um cachorro envolvido em uma boa brincadeira é tipicamente um cão que não se mete em encrenca. Isso pode ser de enorme utilidade para todos os donos. Imagine os benefícios que isso traria à sua rotina diária. Por exemplo, se você tem um cão muito ativo que adora recepcionar suas visitas e não se aquieta com facilidade, dar-lhe outra tarefa ou brincadeira para se distrair poderá redirecionar sua atenção e ser um alívio para seus visitantes, que talvez não compartilhem de sua adoração por seu peludo.

Cães que têm uma personalidade mais efusiva são, em regra, mais difíceis de controlar e os donos frequentemente pedem técnicas para acalmá-los. Existem muitas dicas úteis, mas as brincadeiras de raciocínio são um auxílio crucial. Não espere ver um comportamento sossegado da noite para o dia se o temperamento natural de seu cão for alegre e animado.

Entretanto, ao ensinar a seu cachorro novas maneiras de gastar energia e treiná-lo para obedecer a uma quantidade de comandos claros, você perceberá que ele passará a se concentrar com mais facilidade e ficará menos frustrado.

Fazer brincadeiras divertidas e seguras que levem seu cão a se sentir confiante pode ajudar até mesmo a manter cachorros mais ansiosos em um estado emocional positivo, quando estão perto de coisas que consideram desconhecidas e

Abaixo Uma boa brincadeira de raciocínio acrescenta, dá um pouco de vibração à vida e mantém seu cão alerta e com gostinho de quero mais.

Esquerda Este jogo estimula o cão a procurar um petisco escondido dentro de um recipiente com tampa giratória. É ótimo para ocasiões em que um cão é deixado sozinho.

assustadoras. Embora nem sempre uma brincadeira possa evitar uma reação de completo pavor, fobia, um problema de sensibilidade extrema que esteja se desenvolvendo pode ser contornado com a adoção de algumas atividades criativas em momentos oportunos.

Esquerda Cães naturalmente alegres e dinâmicos precisam gastar energia, tanto física quanto mental. Uma brincadeira de raciocínio pode ser a atividade mais adequada para mantê-los concentrados em seu dono.

Se seu peludo anda pela casa mordendo os objetos, roubando alimentos do balcão da cozinha ou pulando nas visitas, então, pode ser que ele precise de atividades mais adequadas que o mantenham longe de problemas. Portanto, este livro não visa apenas a permitir que vocês se divirtam juntos, mas apresenta uma profunda abordagem prática de adestramento.

Invista tempo em seu cão

Cães de estimação merecem nosso tempo e nossa atenção. Lembre-se de que o fato de você não encontrar tempo para ensinar outras brincadeiras a seu peludo não o impedirá de aprender coisas novas. Isso apenas aumentará a probabilidade de que ele aprenda atividades inadequadas, como latir demais, pular sobre coisas e pessoas ou, talvez, cavar seu canteiro de flores. Resolver esses problemas ou substituir objetos arruinados demanda tempo e dinheiro. Brincar com seu cão é muito mais divertido e fácil, seja para conter seus níveis de estresse ou para preservar seu saldo bancário.

Abaixo Alguns cães desenvolvem o hábito de destruir objetos pela casa por falta de algo melhor para mantê-los ocupados.

Capítulo 1

DIREITA Cães de raças diferentes são dotados de habilidades e características diversas. Tente levar isso em conta ao escolher as brincadeiras.

A influência das Raças na Hora de Brincar

Obviamente há uma enorme variedade de tipos de brincadeiras de que os cachorros gostam. Na verdade, é importante estar ciente de que raças diferentes terão preferência por tipos distintos de brincadeiras e maneiras variadas de brincar. As diversas raças de cães surgiram porque os humanos identificaram indivíduos que eram bons na realização de tarefas específicas e cruzaram-nos com outros cães dotados de habilidades semelhantes. Estas foram transmitidas pelos genes caninos e, ao longo do tempo, suas proles tornaram-se cada vez melhores na realização das tarefas para as quais estavam sendo criadas. Da mesma forma, os humanos criaram cães que apresentam certa aparência física peculiar: ao cruzar dois cachorros de pernas compridas, por exemplo, será grande a chance de que as ninhadas resultantes de tal cruzamento também tenham pernas mais compridas.

Selecionamos cães com diferentes habilidades e criamos todas as raças que vemos hoje em dia, bem como muitas que já deixaram de existir. No passado, os cães eram criados para desempenhar uma função específica que se tinha em mente e, com o passar do tempo, fizemos com que surgissem cães muito motivados a realizar aquela função. Criavam-se cães para realizar quase todas as tarefas imagináveis para auxiliar seus donos humanos.

Hoje em dia, a maior parte das quase 200 raças conhecidas de cães é simplesmente como animais domésticos de estimação, sem que lhes sejam atribuídas quaisquer funções. No entanto, seu desejo inato de comportar-se de determinada maneira continua presente, em certa medida. Cães de raças mistas [ou vira-latas] também herdam tendências que precisam ser satisfeitas.

ACIMA A linhagem de seu cão faz parte do caráter dele. Cocker spaniels, por exemplo, foram criados para encontrar aves de caça, tirá-las de seu esconderijo e levá-las ao dono. Ao compreender este aspecto da natureza de seu cachorro, você pode empregar seus instintos em atividades adequadas.

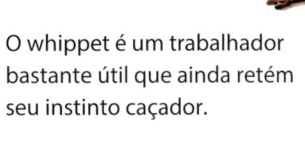

O whippet é um trabalhador bastante útil que ainda retém seu instinto caçador.

Grupos de raças

Pequenas [Toys]	Este grupo variado de cães é constituído de animais pequenos que hoje são mantidos como cachorros de companhia. No entanto, podemos identificar a origem de muitas dessas raças em versões maiores criadas para o trabalho.
Galgos/ Caçadores	A função deste grupo era ajudar o homem a localizar e perseguir outros animais. A constituição física e o tamanho variavam de acordo com o *habitat* em que viviam e atuavam. Alguns são dotados de excelente visão ou olfato, enquanto outros são excepcionalmente rápidos ou resistentes.
Pastores	Este novo grupo constitui-se de diversos cães considerados, de início, "cães de trabalho". No passado, este grupo como um todo trabalhava com rebanhos, pastoreando e, em geral, vigiando e protegendo as criações do ataque de vários predadores. Eles costumam ser inteligentes, ativos e muito vigorosos.
Terriers	A maioria dos cães deste grupo foi criada para caçar pequenos animais e pragas e costuma demonstrar uma predisposição para se esconder em tocas. Estas raças são corajosas e persistentes, têm reações rápidas e costumam ser independentes.
Cães Utilitários	Este grupo abrange cães que não se encaixam bem em outros grupos e as raças que o compõem variam de país para país. Muitas eram destinadas a tarefas que hoje não são mais necessárias, variando, assim, entre raças de caçadores, de cães de briga, de resistentes puxadores de trenó e até mesmo raças de cães de guarda.

Capítulo 1

O versátil labrador é um cão de caça esportiva e também um companheiro carinhoso.

Cães de Caça Esportiva	Estas raças foram criadas para ajudar a encontrar pequenos animais e trazer a presa após o abate. Dependendo da raça, os cães podem apontar o animal ou ajudar a afugentá-lo de seu esconderijo. Em seguida, alguns buscarão prontamente o animal abatido. Algumas raças foram especialmente criadas para atuar dentro e ao redor da água.
Cães de Trabalho	Estes cães tendem a ser fortes e robustos e muitos ainda trabalham nos dias atuais. As funções variam e podem incluir proteção, caça, briga, perseguição, condução de trenós e pastoreio de gado. Existem ainda aqueles usados como cães de guarda de propriedades.
Outras Variedades	Há muitas outras raças que não podem ser classificadas de forma sistemática nas categorias citadas, em geral por causa da sua distribuição específica por um país ou região. Para compreender a natureza de tais raças, você precisará pesquisar sua história e funções originais. Cães nascidos de cruzamentos de raças, vira-latas e aqueles pertencentes a novos tipos de raças também têm seu próprio temperamento e instintos. Descubra o máximo que puder sobre seu cãozinho.

A função para a qual um cão foi criado influenciará sua preferência por determinadas atividades, incluindo os tipos de brincadeiras que ele fará. Conheça a raça e a história de seu cachorro. Pesquisar e ler sobre a história de uma raça aumentará sua compreensão das diferenças entre os cães. A distinção não está apenas na estrutura física e na aparência de um cão: seus instintos e vontades também variam.

Acima Huskies são cães de trabalho que adoram correr. Grupos desses cães são bastante adequados para corridas de trenó, atividade em que sua energia e agilidade podem ser produtivamente aproveitadas.

Exemplos de raças e suas preferências gerais na hora de brincar

Acima Terrier típico – um jack russell cavando o solo.

Acima Os terras-novas foram criados para puxar redes de pesca na água.

Acima Os border collies são, por natureza, animais de pastoreio.

Em geral, os **jack russell terriers** adoram cavar, abrir túneis para se esconder e costumam entusiasmar-se com brinquedos de apito.

Os **cocker spaniels** adoram brincadeiras em que tenham de farejar e desafios do tipo "encontre tal objeto", assim como o fariam no campo.

Os **terras-novas** demonstram um forte desejo de entrar na água e mergulharão contentes, sempre que surgir a oportunidade.

Os **border collies** ficam animados com movimentação e gostam de tentar reunir os animais e as pessoas que estiverem em sua presença. Eles normalmente adoram correr atrás de bolas e discos, mas podem concentrar-se em vencer muitas atividades esportivas para cães por causa de sua habilidade física e suas reações rápidas.

Os **cães de raça mista** herdarão as características de seus genitores e, por isso, tendem a apresentar diversas características de ambos os lados. Se você não conhece os pais de seu cão, é possível ter alguma ideia de sua linhagem observando seu tamanho e constituição física, bem como avaliando seu temperamento. Experimente atividades variadas e assegure-se sempre de que ele seja fisicamente capaz de dar conta da brincadeira.

Capítulo 1

Gostar de morder é típico de filhotes.

Esquerda Você pode começar a apresentar brincadeiras interativas até mesmo para filhotinhos despertando-lhes o interesse com uma bolinha de apito.

Seja qual for a raça de seu cão, ele se beneficiará com as brincadeiras de raciocínio para receber estímulos físico e mental. No entanto, se a raça de seu cachorro foi criada a princípio para realizar uma tarefa, ele ficará especialmente entusiasmado se tiver uma nova atividade para participar. Embora todos os cães precisem de algumas brincadeiras de raciocínio, provavelmente os que mais necessitam delas são os filhotes, os adolescentes e todos aqueles cujo histórico seja de trabalho ativo.

A influência da idade na hora de brincar

Filhotes. Pode parecer surpreendente descobrir que mesmo filhotes pequeninos de apenas três semanas já começam a dar sinais de comportamento brincalhão. No início, quando o filhotinho é ainda muito jovem, ele tenta apenas dar patadinhas, que evoluem para saltos, perseguições e lutinhas. Filhotes também brincarão com brinquedos que estiverem por perto, sendo esta uma oportunidade perfeita para começar as brincadeiras interativas.

Cães jovens podem aprender a procurar brinquedos quando sentem vontade de brincar. Se não tiverem a chance de brincar com seus próprios brinquedos, eles serão mais predispostos a concentrar sua atenção em objetos domésticos, pessoas da família e outros animais de estimação. No caso de algumas raças, caso você não lhes ofereça brinquedos enquanto jovens, ficará muito difícil incentivá-los a divertir-se com brinquedos mais tarde. Isso acontece com muitas das raças de galgos e farejadores.

A dentição influenciará no desejo de seu cãozinho por morder brinquedos. Isso acontece quando o filhote perde os dentes de leite e também, mais tarde, na adolescência, quando os dentes permanentes estiverem crescendo

Abaixo Filhotes da mesma ninhada adoram dar patadinhas uns nos outros desde muito cedo. Isso evolui para brincadeiras com saltos e lutas, que ensinam as dinâmicas de interação social ao cãozinho.

nas mandíbulas. Ao longo desse período, você precisará dar coisas adequadas para seu cachorro morder. Ficar com a boca dolorida pode desestimular seu filhote a brincar; portanto, escolha objetos adequados.

Enquanto ainda são jovens, os cães não devem ser encorajados a pular ou comportar-se de maneira demasiado animada (eles provavelmente já fazem isso o suficiente, sem qualquer estímulo). Aguarde o desenvolvimento físico de seu cachorro para evitar quaisquer riscos ao crescimento de seus membros e articulações. As raças maiores correm maior risco de sofrer esse tipo de lesão. Em caso de dúvida, busque sempre o aconselhamento de seu veterinário e tenha bom senso.

Cães Idosos. À medida que envelhecem, os cães passam por mudanças físicas que afetam a visão, a audição e o paladar. Esses sentidos começam a deteriorar e isso in-

Direita Mesmo cães mais velhos podem aprender novos truques! Não pare de brincar com seu cão por ele estar envelhecendo.

Esquerda Evite brincadeiras que envolvam saltos vigorosos até que seu cão esteja fisicamente desenvolvido, com articulações e membros robustos o suficiente para suportar a atividade.

fluenciará sua habilidade de brincar, pois ficará mais difícil detectar odores, perceber movimentos e ouvir comandos. Eles também começarão a sentir os efeitos do envelhecimento em seus membros e articulações, o que limitará sua capacidade de locomover-se. É claro que exercícios fazem bem para o corpo e favorecem, em geral, a longevidade. Assim, é provável que um cão habituado a uma rotina de atividade durante toda a sua vida encare melhor uma nova tarefa do que um cão idoso fora de forma.

Embora a experiência anterior de um cão com brincadeiras acabe influenciando sua habilidade futura de reagir a brinquedos e humanos, todos os cachorros podem ser ensinados a fazer coisas novas e a responder a novos sinais ao longo de sua vida. Talvez seja mais demorado ter sucesso com um cão idoso e pode ser que você tenha de escolher brincadeiras diferentes, mas, em regra, é possível introduzir novas atividades na vida de vocês, não importa a idade de seu cão.

Por que a saúde é importante em brincadeiras de raciocínio

Tal como acontece com os humanos, o estado de saúde de nosso cão influencia sua vivacidade, capacidade física e disposição para brincar. Antes de dar início a qualquer atividade nova com seu cachorro, você deve avaliar qual é o esforço físico que ela demanda. Antes de nós, seres humanos, começarmos um novo programa de exercícios na academia, somos aconselhados a fazer uma avaliação médica e a discutir as exigências dessa nova atividade com nosso médico. Um cão pode passar pelo mesmo tipo de avaliação, feita por um veterinário de confiança, que, então, o alertará sobre quaisquer potenciais problemas, bem como dará conselhos quanto a uma boa dieta alimentar, adequada a seu animalzinho.

Doenças podem diminuir o apetite, o que, por sua vez, reduzirá a motivação de seu cão para ganhar petiscos. Seu cachorro pode não ter condições físicas para saltar ou locomover-se de determinadas formas se tiver problemas musculares ou ósseos. Disfunções de audição podem dificultar que

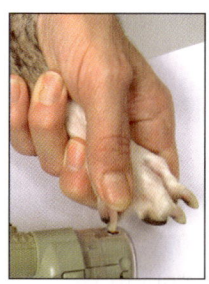

Esquerda Unhas compridas demais podem ser um estorvo para um cão e desequilibrá-lo quando parado e ao correr. Mantenha as unhas de seu cachorro curtas usando um cortador de unhas manual ou elétrico, como o da foto.

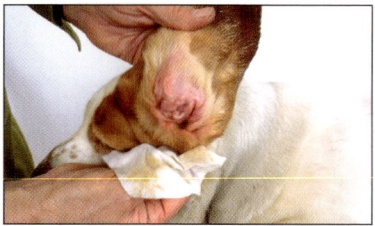

Acima Você deve limpar as orelhas de seu cão com regularidade, para remoção de cera e sujeira, principalmente se ele for de uma raça com orelhas longas e caídas.

Abaixo Se você tiver alguma preocupação relacionada ao estado geral de saúde e à aptidão física de seu cachorro, é aconselhável levá-lo a um veterinário para uma avaliação antes de dar início a um novo programa de brincadeiras de raciocínio.

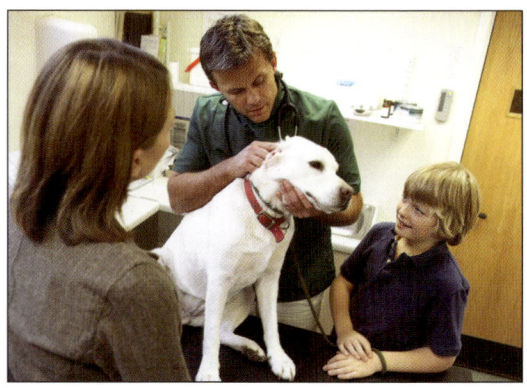

Direita Tome cuidado, no início, com cães que estejam obesos ou cuja compleição física seja naturalmente mais robusta. A aptidão física virá com o tempo.

seu cão ouça comandos ou elogios, enquanto uma visão deficiente ou infecções oculares podem dificultar que ele veja seus sinais ou equipamentos.

Você deve examinar seu cão regularmente da cabeça aos pés para verificar quaisquer mudanças em seu corpo. Isso pode ser feito enquanto você penteia ou dá banho em seu peludo, pois assim você se familiarizará com a condição física normal dele e, ao mesmo tempo, identificará novos nódulos, inchaços ou arranhões tão logo apareçam. As unhas de seu cão precisam ser mantidas em um comprimento adequado e seus olhos e orelhas devem estar sempre limpos e livres do excesso de pelos. O acúmulo de cera nas orelhas pode indicar uma infecção, mas também pode ser a causa direta de problemas auditivos. Avaliações veterinárias regulares permitirão que você saiba de quaisquer problemas que porventura estejam afetando seu amigo.

A obesidade é um problema grave em cães de estimação dos dias atuais. Embora brincar com seu cão seja uma ótima maneira de ajudá-lo a perder peso, por aumentar seus níveis de atividade e obrigá-lo a se esforçar para ganhar suas porções de alimento, é prudente começar devagar e passar aos poucos a atividades cada vez mais vigorosas. Se seu cão ficar cansado demais ou machucar-se durante uma brincadeira, é provável que ele fique menos animado da próxima vez em que você tentar começar a diversão.

Algumas pessoas ficam preocupadas com o uso de alimentos durante o adestramento (*acima, à direita*) ou na hora de brincar, por acreditarem que, assim, seu cão poderá engordar. Isso não acontecerá se os alimentos forem utilizados de forma correta. O uso de alimentos nas brincadeiras de raciocínio será discutido no capítulo 2.

Capítulo 1

Abaixo As brincadeiras devem ser momentos agradáveis para você e seu cão. Tente escolher atividades de recreação adequadas ao temperamento de seu cachorro e que também sejam divertidas para você.

Que brincadeiras escolher?

Em parte, a escolha de brincadeiras consiste em selecionar atividades que lhe sejam agradáveis, mas também depende muito dos instintos naturais de seu cachorro. Entender os traços de personalidade de seu cão também lhe mostrará se ele prefere brincar perto de você ou se consegue brincar a certa distância. Um cão que se sinta à vontade apenas quando está perto de você pode ter mais dificuldade com algumas das atividades que envolvem distância. Existem muitas "regras" quando o assunto é brincar e quase todos os donos de cães já receberam conselhos favoráveis ou contrários à maioria das atividades. Algumas sugestões são feitas por motivos legítimos, visto que certas atividades são perigosas e os riscos superam os benefícios. Outras brincadeiras devem ser avaliadas de acordo com o temperamento do cão e a situação em particular. Por exemplo, uma brincadeira de cabo de guerra talvez não seja a escolha ideal para um animal que apresenta um comportamento predisposto à proteção de coisas materiais (como proteger brinquedos, comida ou cobertas de dormir). Um cachorro com artrite ou problemas de coluna não deve ser incentivado a saltar ou nem mesmo rolar. Você deve analisar com cuidado as características comportamentais e a saúde de seu cão antes de escolher quais brincadeiras adotar. Elas podem variar com o tempo, conforme seu cão

Abaixo Pense na estrutura física e nos níveis de condicionamento de seu cão. Rolar é um truque incrível de ensinar a um cachorro, mas você não fará nenhum progresso com um animal que tenha problemas de coluna e sinta desconforto durante o movimento.

Esquerda É melhor que um adulto supervisione qualquer brincadeira ou exercício de adestramento que envolva crianças e cães.

Crianças barulhentas e agitadas junto com um cão jovem, curioso e suscetível pode ser uma mistura explosiva.

avança por diversos estágios da vida e condições de saúde.

As brincadeiras que escolher também devem levar em conta o fato de você ter ou não filhos pequenos, bem como o grau de irritabilidade de seu cão. Supervisione sempre brincadeiras entre crianças e cães e fique atento, interrompendo a atividade antes que qualquer dos lados fique agitado demais. É possível que crianças não saibam reconhecer quando seu cão está ficando animado ou frustrado demais, de modo que cabe a um adulto intervir para manter a segurança da situação.

Brincadeiras com vários animais de estimação

Ter mais de um cão também aumentará a complexidade das brincadeiras de raciocínio. Sempre haverá algum grau de competitividade entre seus animais, o que é natural. Entretanto, se a competição entre seus cães chega à agressão, você deve tomar muito cuidado na escolha de brincadeiras que envolvam objetos ou alimentos que eles apreciam muito.

É melhor investir em brincadeiras individuais que podem ajudá-lo a fortalecer seu vínculo com cada um de seus

Abaixo Se você quiser fazer brincadeiras com mais de um cão, é provável que o melhor seja primeiro ensiná-los a brincadeira individualmente e só depois reuni-los.

Cães de temperamento dócil que conheçam bem um ao outro podem ser excelentes parceiros de brincadeiras.

Capítulo 1

Acima Uma bola, uma mão e um cão – vamos curtir uma brincadeira de raciocínio.

cachorros enquanto os ensina a lidar com a distância um do outro. Talvez seja possível começar cuidadosamente a fazer atividades em conjunto em um momento posterior, porém o melhor é estar na companhia de um ajudante, caso você imagine que possa ter problemas.

Problemas comportamentais preexistentes

São vários os problemas de comportamento que podem causar dificuldades quando você está em meio a uma brincadeira. Como já foi dito, se seu cão reage de maneira agressiva quando próximo a alimentos ou brinquedos, então você deve resolver esse problema antes de brincar com os objetos em questão. Outros problemas incluem nervosismo extremo, não voltar quando deixado sem a guia ou, talvez, excesso de indisciplina com relação ao dono.

Se seu cachorro estiver se comportando de modo preocupante, por favor, peça a seu veterinário que o encaminhe a um behaviorista para ajudá-lo a resolver esses problemas antes de começar a ensinar novas habilidades.

Orientações para as brincadeiras de raciocínio

Junto das instruções para cada brincadeira deste livro você encontrará uma tabela com algumas informações adicionais que o ajudarão a escolher as atividades adequadas para você e seu cão, além de garantir que você esteja preparado com todo o equipamento correto.

Onde? Indica o local mais adequado para a realização da brincadeira.

Acima As orientações apresentadas neste livro indicarão quais brincadeiras são mais apropriadas a ambientes ao ar livre.

O quê? Indica os objetos de que você precisará para a brincadeira.

Nível de Dificuldade. Para facilitar um pouco a escolha de que brincadeira experimentar, cada uma delas é classificada em uma escala de 1 a 5 – 1 Estrela = Iniciante; 5 Estrelas = Avançada. Esta é apenas uma orientação. Alguns cães aprenderão naturalmente determinadas brincadeiras mais depressa do que outros, dependendo dos instintos de sua raça e de sua constituição física. Sempre haverá uma indicação caso seja conveniente ensinar outra brincadeira antes da escolhida.

Nível de Interatividade. Outro indicador rápido da natureza da brincadeira é o Grau de Interatividade, que informará se a brincadeira é individual ou mais interativa. O grau de interatividade é apresentado da seguinte forma:

Abaixo Você terá uma verdadeira sensação de vitória quando seu cachorro começar a mostrar-lhe como ele pode ser inteligente e esperto.

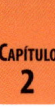

Capítulo 2

As Habilidades Básicas

O processo de aprendizado é complexo e pode ser confuso. Compreender alguns pontos-chave permitirá que você avalie suas estratégias de recreação e adestramento de forma lógica, aumentando, assim, seu êxito e diminuindo as falhas.

Abaixo Cooperação, não repressão, deve ser seu lema ao treinar um cachorro.

sinta menos motivado para experimentar novos comportamentos da próxima vez. Como ocorre aos animais de carga, os cães infelizmente podem ser forçados a fazer determinadas coisas se técnicas aversivas forem usadas por quem o treina. No entanto, isso não é apenas injusto com o animal, podendo também dar origem a problemas de comportamento, tais como agressão ou medo extremo. As brincadeiras de raciocínio visam beneficiar você e seu cão e, por isso, é importante que ambos realmente curtam fazê-las.

Acima Ao usar petiscos, você deve dá-los no momento certo, para que o cão seja recompensado de forma clara pelo bom comportamento.

Por que usar métodos positivos de adestramento?

O adestramento positivo é essencial para se alcançar resultados favoráveis e um bom relacionamento a longo prazo. Um dono severo que pune as faltas e os lapsos de seu cão pode acabar com o entusiasmo do animal, fazendo com que ele deixe de gostar do adestramento ou se

Regras na hora de brincar

1. Seu cão repetirá qualquer comportamento que resulte em uma experiência agradável. Esta experiência pode ser um elogio ou um petisco saboroso ganho durante o adestramento. Por outro lado, ela pode vir de uma maneira não intencional, como, por exemplo, quando um cachorro recebe atenção ao saltar ou comer um pedaço de torrada roubado do balcão. Recompense seu cão somente por ações que você aprecie, de forma que ele comece a escolher essa opção com mais frequência.

2. Sincronia é crucial. Quanto mais tempo você deixar passar entre o comportamento e a recompensa, menor é a probabilidade de que seu cão faça logo a associação desejada. Imagine a seguinte situação: seu cachorro consegue rolar perfeitamente pela primeira vez. Em lugar de oferecer uma recompensa imediatamente, você corre para a cozinha em busca de um petisco. Seu cão sai da posição, levanta, anda um pouco, talvez fareje algo ou se coce e, em seguida, atravessa o cômodo, procurando por você. Ele passa pela entrada da casa, onde vê a correspondência saltando da caixa do correio e as crianças passando por ele, correndo, para brincar. Então, o cão entra na cozinha e para ao seu lado, junto do armário, onde você está tendo dificuldades para abrir uma caixa de biscoitos. Quando você finalmente lhe der o petisco, com o que você acha que ele o associará? Deve ser muito difícil para um cão compreender que ele ganhou o biscoito como incentivo para que role da maneira como fez antes de todos aqueles outros eventos. Pesquisas científicas

Acima Esta cena ilustra o que pode dar errado em um programa de adestramento. O cachorro descobriu alimentos caídos sobre o balcão da cozinha e está comendo tudo. Ele ganhou uma recompensa saborosa por este comportamento, que, porém, você não deseja encorajar.

Abaixo Ofereça uma recompensa logo após um bom desempenho em um truque ou brincadeira.

mostram que, quanto mais depressa um animal é recompensado, mais rápido ele aprenderá. O ideal é que o tempo seja de até três segundos. Como isso pode ser difícil quando seu cão está um pouco afastado ou se suas mãos já estiverem ocupadas, elogios e o adestramento com *clicker* (veja páginas 44 e 45) são úteis para "assinalar" o comportamento correto, o que você pode complementar com um petisco em seguida.

3. A punição traz problemas. As brincadeiras devem ser divertidas e não deveria haver qualquer necessidade de castigos. Argumenta-se que o momento exato de punir seja ainda mais fundamental que o de recompensar. A menos que a experiência desagradável aconteça ainda enquanto o cão está fazendo algo errado, ela terá um efeito limitado e o animal poderá ficar apreensivo. Isso colocará um fim às brincadeiras e pode até fazer com que ele perca a confiança em você.

Acima A maioria dos cães verá a atividade e o tempo de interação com você durante uma brincadeira de raciocínio como uma recompensa por si só.

4. A recompensa é importante. Talvez você queira usar a própria ração de seu cachorro durante o adestramento ou um biscoito canino simples. Embora isso motive muitos cães, para outros essas recompensas são muito menos interessantes do que outras coisas que os cercam. Por que seu cão deveria fazer algo específico por mais um grão de ração quando ele come uma tigela cheia dela duas vezes ao dia sem precisar fazer nada? Se seu cachorro aprende a associar uma recompensa que ele aprecia muito, como um pedaço de carne, a um determinado comportamento ou ato, é muito mais provável que ele queira tentar ganhá-la de novo mais tarde.

Acima No adestramento, use petiscos a que seu cão dará mais valor – ele pode considerar sua ração do dia a dia um pouco sem graça.

Acima Petiscos podem ser encontrados em diversas formas – cabe a você descobrir quais são os mais apreciados por seu cão e usá-los como recompensas que você escolherá para adestramento. Contudo, não exagere – um petisco deve ser sempre um bônus especial.

durante um adestramento traz resultados mais sólidos e duradouros. Por isso, hoje, adestradores e donos tentam recompensar seus cães por agirem de maneira desejável, seja no adestramento básico, em um treino específico de obediência, quando se ensinam truques, ou apenas por um comportamento amistoso. Cães criados com técnicas positivas de adestramento tendem a ser mais confiáveis e a ter reações mais previsíveis com relação às pessoas.

Como usar recompensas em brincadeiras

Como brincar por si só já é uma experiência gratificante, em geral, nenhum incentivo extra é necessário. Contudo, quando seu cão está aprendendo uma nova tarefa ou habilidade, pode ser que ele precise de algum incentivo na forma de petiscos e, com certeza, de elogios pelos acertos. Isso acelerará o processo de aprendizado e seu cachorro logo associará a nova atividade ao prazer da recompensa.

Já se demonstrou repetidas vezes e em muitas situações que o uso de incentivo e recompensas

O uso de alimentos como recompensa

Você provavelmente já conhece a ideia do uso de petiscos no adestramento. Aqueles que não os utilizam costumam ter concepções equivocadas sobre o processo de adestramento ou o modo como a relação entre cão e dono é afetada pelo uso

Abaixo Petiscos habilmente manipulados diante de um cão podem ser usados para "moldar" comportamentos. Você pode incitar seu cão a sentar-se ou deitar mostrando o petisco, por exemplo.

Capítulo 2

Esquerda Fique de olho no peso de seu cão ao optar pelo adestramento à base de petiscos. A obesidade deve ser evitada.

Abaixo, à direita Não alimente seu cão em excesso, como aqui. Controle a porção diária da ração de seu cachorro.

de alimentos. É apenas uma questão de equilíbrio e de garantir que você tenha um bom relacionamento com seu cachorro no geral. Ninguém quer ter um cão que o veja tão somente como um provedor de alimentos. Entretanto, se seu peludo associa você à chegada das coisas boas da vida, ele ficará particularmente feliz em vê-lo e em brincar com você. O uso de petiscos não deve significar que você permita que seu cão o intimide a dar-lhe petiscos na hora que ele quiser. Você é quem deve exigir determinado comportamento que possa recompensar. É claro que também existem as situações em que você deseja reforçar um comportamento que está ocorrendo naturalmente (tal como ficar parado e quieto), mas isso é uma escolha sua.

Um programa de adestramento à base de recompensas não deve engordar seu cão. Isso acontecerá caso você o alimente demais e lhe ofereça poucas oportunidades de praticar exercícios. Se tiver medo de alimentá-lo em excesso, você pode servir a porção diária da ração de seu cachorro de manhã e usar parte dela com outros petiscos durante as atividades de adestramento ou, então, reduzir a porção total para compensar as recompensas que ele ganhará naquele dia. Se seu cachorro tiver uma sessão de adestramento repleta de atividades, então ele não precisará de uma vasilha cheia de ração para a refeição. É um engano comum a ideia de que você terá sempre de encher seus bolsos com cada vez mais petiscos caso comece um adestramento com alimentos. Isso não é verdade. Se adestrar seu cão corretamente, ele aprenderá o modo como você espera que ele se comporte e, então, aos poucos, você poderá reduzir a quantidade de recompensas dadas. É claro que, caso você se apaixone pela atividade de adestramento, talvez queira ter sempre alguns petiscos à mão para oferecer a seu peludo na hipótese de ele fazer algo surpreendente ou de você sentir um impulso de ensinar-lhe algo novo. O reforço ocasional de comportamentos já estabelecidos nunca faz

Esquerda Alguns cães ficam mais motivados com um brinquedo do que com um petisco. Portanto, adapte seus métodos de adestramento à personalidade individual de seu cão.

Uma das mãos orienta o adestramento enquanto a outra desliza para pegar uma recompensa no saquinho.

Acima Um saquinho de petiscos preso a um cinto é um acessório muito útil durante o adestramento. Os petiscos estão sempre à mão e, graças ao forro resistente, fica fácil limpar farelos, como pequenos pedaços de queijo, ao fim da sessão de treino.

mal e seu cão ficará felicíssimo ao "ganhar" um prêmio inesperado. Seu cachorro não deve responder apenas quando você tem um petisco na mão. Se isso ocorrer, o adestramento não foi feito adequadamente ou existem muitas distrações em torno de seu cão. Pode ser também que o alimento tenha sido usado simplesmente para subornar o cão em vez de recompensá-lo por bom comportamento. Nesse caso, o ideal é voltar ao bê-á-bá e avançar por cada estágio novamente, certificando-se de que a aparência do alimento e o momento em que você o oferece sejam adequados.

Alguns cães não se sentem motivados por alimentos, enquanto outros têm a digestão muito sensível, o que significa que não podem comer alimentos apetitosos. Nesses casos, talvez você prefira dar-lhes um brinquedo quando fizerem algo certo. No entanto, usar alimentos é muito mais fácil e torna o progresso do adestramento muito mais rápido do que se você permitir que seu cão saia brincando com um brinquedo depois de cada sucesso. Dito isso, se seu cão tiver ótimo desempenho ao buscar algo ou sentir-se feliz em curtir um rápido jogo de puxa-puxa com você, então vá em frente e use um brinquedo.

Direita Você pode curtir uma brincadeira rápida com um brinquedo de corda para puxar e ainda assim manter o controle da situação. Isso já é mais difícil com um brinquedo que você deve jogar para que o cão o traga de volta.

35

Capítulo 2

Direita Use como petiscos apenas alimentos que sejam adequados para a alimentação de cães. Evite salgadinhos e doces.

Que petiscos escolher?

Pequenos pedaços de alimento, mais ou menos do tamanho de uma unha, são ótimos para o adestramento. Variedade é o segredo, pois a maioria dos cães ficará cansada de receber o mesmo petisco dia após dia como recompensa por realizar todos os tipos de atividade. Uma dica muito útil é ter alguns tipos diferentes de petiscos, todos misturados, em um saquinho. Isso poupa seus bolsos de migalhas malcheirosas, facilita a retirada rápida do petisco e indica que você tem uma variedade deles para oferecer. A ração normal também absorverá parte do aroma e do sabor de petiscos mais incrementados, tais como queijo ou carne, o que tornará o biscoito básico mais atraente. Existem muitos saquinhos de petiscos à venda. Escolha um que seja adequado ao estilo de suas atividades, pois brincadeiras que exijam que você corra ou pule podem acabar em petiscos espalhados ou mesmo na perda do saquinho.

Use apenas petiscos adequados à digestão canina. Existem inú-

Acima Este cão deve fazer o Aperto de Pata, uma brincadeira descrita no capítulo 15. A princípio, você deve recompensá-lo toda vez que tiver bom desempenho. À medida que ele se familiarizar com a brincadeira, a frequência das recompensas pode ser reduzida.

meras opções para você não ter de usar biscoitos, chocolate, salgadinhos ou doces feitos para humanos, pois eles podem ser prejudiciais a seu cão. Alimentos novos devem ser oferecidos aos poucos e em pequenas quantidades a cachorros com digestão delicada, evitando-se, assim, desarranjos estomacais.

Frequência das recompensas. Quando você começa a ensinar seu cão a fazer uma nova atividade, deverá recompensá-lo sempre que ele tiver um bom desempenho. Isso é importante para que aprenda a associar o comportamento ao recebimento de uma recompensa e para se manter motivado a continuar brincando, ainda que a nova tarefa seja desafiadora.

Seu cão pode ganhar grandes prêmios!

De vez em quando, dê a seu cão uma recompensa significativamente melhor do que as de costume por um bom resultado ou esforço positivo extra. Isso fará com que ele continue bastante entusiasmado com o adestramento. Grandes prêmios não devem ser frequentes demais, mas são importantes para garantir o máximo de sucesso e diversão no treino. Você pode dar um tipo de petisco especial que ele adore ou muitos pedaços do petisco de costume, dependendo daquilo que seu cachorro considerar mais atraente. Se você estiver no fim de uma sessão de adestramento mais longa, talvez seu cão já esteja satisfeito e, assim, não vai se entusiasmar com alguns pedaços de petisco; portanto, escolha os grandes prêmios de acordo com as circunstâncias.

1. Este filhotinho está nos primeiros estágios do adestramento. Aqui, a ação de sentar é recompensada.

2. Em seguida, o dono segura um petisco diante de seu focinho para atrair e orientar o filhote a levantar-se e ficar na posição normal.

3. Quando a sessão termina, deve haver um momento para carinhos especiais e elogios. O cãozinho ficará com gostinho de quero mais.

Como reduzir as recompensas

Abandonar as recompensas cedo demais é um erro comum. Se você deixar de oferecer recompensas de repente, seu cão pode frustrar-se e parar de fazer aquilo que lhe foi ensinado. Assim que conseguir que seu cão realize uma ação ou atividade de maneira correta e constante, você pode começar a modificar a frequência das recompensas. A melhor forma de fazer isso é dar petiscos a intervalos maiores. No início, você não deve esperar mais que três ou quatro repetições para oferecer a recompensa. Contudo, caso esteja fazendo uma brincadeira particularmente desafiadora ou existam distrações, você deve dar as recompensas com maior frequência. Elogios e carinhos são sempre bem-vindos e constituem uma parte fundamental de um bom relacionamento entre cão e dono. Lembre-se de que animais se esforçam mais e por mais tempo se souberem que há uma boa chance de receber uma recompensa ao final.

O que motiva seu cão?

A maioria dos donos sabe mais ou menos do que seu cachorro gosta, mas é sempre uma boa ideia verificar seus conhecimentos de vez em quando, pois as preferências de seu cão podem mudar. Conseguir compreender o que de fato deixa seu cachorro motivado é essencial. Além disso, saber como ele classifica as coisas quanto a seu valor é útil quando você está planejando a maneira de recompensar tarefas simples diferentemente daquelas mais complexas. Faça testes com seu cão, oferecendo-lhe pequenos pedaços de petiscos diversos. Dê-lhe dois tipos para escolher (um em cada mão) e observe qual ele escolhe primeiro. Se rejeitar um petisco, não o use como recompensa no adestramento. Saber o que seu cão escolherá primeiro permite que você classifique recompensas diferentes, de acordo com as preferências dele. Assim você saberá qual petisco usar para tarefas desafiadoras (os prediletos) e quais podem ser usados para ações mais simples.

Teste com brinquedos. Seu cão conseguirá mostrar-lhe qual é seu brinquedo preferido. Quando você coloca todos os brinquedos dele no chão e o deixa brincar livremente, ele provavelmente se concentrará em seu favorito. Faça esse teste algumas vezes para verificar a persistência da escolha. Quando você estiver

Abaixo Você pode recompensar feitos muito especiais com grandes prêmios.

Esquerda Uma maneira de saber que petisco realmente motiva seu cão é deixá-lo escolher entre aquele que você traz na mão esquerda e aquele que você tem na direita. Observe qual ele prefere e deixe que ele o coma.

Abaixo O teste com brinquedos é outra forma de determinar a ordem dos objetos preferidos de seu cão na hora de brincar, indicada por ele mesmo. Então, você poderá usar o favorito como a principal recompensa durante as brincadeiras de raciocínio.

certo de qual brinquedo é o predileto, coloque-o de lado e repita o procedimento com os demais brinquedos. Aos poucos, você conseguirá estabelecer uma ordem de preferência entre os brinquedos. Obviamente, esse teste não é infalível, uma vez que alguns brinquedos se tornam mais atraentes quando manuseados por uma pessoa. Você pode fazer o mesmo teste usando ambas as mãos para balançar dois brinquedos ao mesmo tempo e ver qual seu cão prefere.

A atenção do dono. Sua atenção especial provavelmente será uma recompensa preciosíssima. Ganhar elogios do dono é uma grande alegria para a maioria dos cachorros e isso certamente deve fazer parte de todo e qualquer processo de adestramento de um cão. O motivo por que precisamos lançar mão de recompensas adicionais, como petiscos e brinquedos, é que seu cão ouve muito a sua voz todos os dias. Você pode estar elogiando seus filhos ou outros animaizinhos de estimação ou batendo papo ao telefone. Todas essas situações expõem seu cachorro à sua voz em momentos nos quais ele não está fazendo nada em particular. Isso implica que sua sensação ao ser elogiado é atenuada um pouco por conta da familiaridade. Entretanto, adotar um tom de voz animado e feliz quando você o elogia e tons claros de comando para dar instruções serão suficientes para seu cão compreender suas intenções e perceber quando você está contente.

Abaixo Tente manter sua voz em tom animado e alegre quando você se comunicar verbalmente com seu cão. Uma entonação monótona pode fazer com que o entusiasmo dele diminua.

Capítulo 2

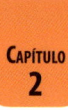

Onde começar?

Embora deva ensinar seu cão em um local onde ele se sinta relaxado, você também tem de propor brincadeiras nos tipos de ambiente em que deseja que ele brinque. Assim, por exemplo, se você quer que seu cachorro brinque quando vocês saírem para passear, provavelmente precisará ensinar as regras gerais da brincadeira em casa, em um ambiente sem distrações, para, em seguida, passar a ensiná-la em novos lugares, como em um parque. Agora, se determinada brincadeira serve para seu cão se distrair enquanto fica sozinho em casa, então você deve ensiná-la dentro da área em que ele será deixado. Você deve estar presente no início, deixando-o, aos poucos, brincar sozinho.

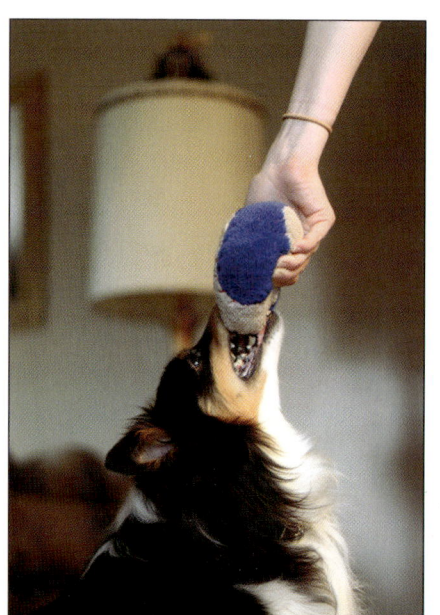

Direita Não é uma boa ideia começar a ensinar uma brincadeira logo após a refeição de seu cão. Ele precisará de tempo para digerir o alimento e não estará propenso a se concentrar.

Quando começar?

Você pode começar as brincadeiras assim que estiver pronto. Porém, é melhor escolher um momento em que possa dedicar sua total atenção a seu cachorro e em que ele esteja se sentindo tranquilo e descansado. Não comece a brincar com seu cão logo depois de ele ter feito uma refeição. Além de estar menos motivado a ganhar recompensas se já estiver satisfeito, é mais provável que ele queira descansar e, além disso, correr ou saltar com o estômago cheio pode ser perigoso, pois poderia provocar uma torção nos intestinos, com consequências sérias para a saúde do animal.

Estabeleça metas realistas

É fácil se empolgar quando você decide ensinar novas atividades a

Esquerda Se você quer que um cão se distraia com uma brincadeira enquanto ficar sozinho em casa, deve ensinar-lhe o jogo no ambiente doméstico.

Acima Este é um truque fantástico, mas não espere que seu cão consiga equilibrar um biscoito no focinho depois de apenas cinco minutos de treino. Habilidades desse tipo precisam ser desenvolvidas gradativamente.

seu cão ou lhe dá brinquedos novos. Donos eufóricos costumam imaginar que estão interagindo com sua própria versão da Lassie e esperam demais de seu cão em muito pouco tempo, o que pode ser frustrante quando a brincadeira não sai tão bem quanto o esperado. Se você não pretende dedicar bastante tempo a ensinar seu cão, então é improvável que ele consiga realizar rapidamente todos os truques que você deseja. Usar o cérebro é algo muito parecido com exercitar o corpo: sem prática regular, ambos ficam mais lentos e sua capacidade para funcionar com eficiência diminui. Se você não fez muitas coisas com seu cão até agora, não espere que, de repente, da noite para o dia, ele se transforme em um Einstein canino. Tenha paciência e seja persistente: você chega lá.

Tornar-se um bom adestrador demanda tempo e prática. No papel de dono você desenvolverá suas próprias habilidades ao longo da vida de seu cão, de modo que vale a pena arregaçar as mangas o mais cedo possível para que você possa curtir ao máximo o tempo que passarão juntos. Você também deverá enfrentar menos comportamentos problemáticos. Ainda que já tenha tido cães antes, lembre-se de que cada cachorro exige que você descubra motivações e instintos diferentes. Meu conselho é que estabeleça grandes objetivos, mas seja realista quanto às habilidades de seu peludo. Algumas raças terão mais motivação e habilidade física para brincadeiras do que outras; portanto, você deverá levar tais fatores em consideração.

Direita Nem todo novo brinquedo é um sucesso imediato. Não se desespere caso seu filhote pareça às vezes perder o interesse. É absolutamente natural.

As Habilidades Básicas

41

Capítulo 2

Este filhote está aprendendo a obedecer ao comando "Sentado".

Muito bem! Um bom desempenho merece ser recompensado na hora com um petisco.

Agora ele pode ser estimulado a levantar-se.

Acima Quando você adota ou compra um novo filhote ou um cão adulto, tente criar o hábito de fazer brincadeiras simples de raciocínio e ensinar habilidades básicas a ele desde o início. O esforço valerá a pena.

Estabeleça pequenos feitos como metas, pois essa abordagem fará com que seu sucesso continue e, assim, se sentirá mais disposto a continuar com as atividades. Lembre-se de que um cão nunca é exatamente igual a outro e cada um deles terá entusiasmo por coisas diferentes. Tente não comparar seu cachorro com o de seu amigo ou com os outros da mesma turma: cada um terá suas próprias habilidades especiais. Pode ser que alguns demorem mais para aprender determinadas lições, porém, quando o fazem, talvez fiquem mais seguros do que outros que aprenderam muito rápido. Tenha em mente que nenhum cão é perfeito o tempo todo.

Não espere que brinquedos novos façam milagres ou que seu cachorro passe seis horas por dia brincando com sua nova aquisição e nunca mais faça uma traquinagem. Mudanças de hábitos levam tempo e seu cão precisará desenvolver seu desejo de brincar. Algumas brincadeiras podem durar longos períodos, porém é mais natural que ele brinque, descanse e, então, volte a brincar outra vez, a intervalos, durante o dia. Portanto, não descarte o brinquedo rápido demais.

Faça uma pausa

Filhotes e cães que não estejam acostumados à rotina de adestramento

Acima Não comece o treino de brincadeiras com muita intensidade. Faça várias pausas e dê tempo para que seu cão descanse.

Este brinquedo também libera petiscos.

Esta bola é feita para liberar pequenos pedaços de alimento conforme o cão bate nela com as patas, fazendo-a rolar pelo chão.

Acima A vantagem dos brinquedos de passatempo é que eles prendem a atenção de um cachorro de maneira gratificante enquanto ele está sozinho.

A importância de regras adequadas

Para brincar bastante e com segurança, é importante estabelecer as regras da casa no momento certo e há boas razões para isso. Primeiro, se você mimar seu cão, é provável que ele não trabalhe bem com você. Sua motivação para receber recompensas ou atenção será menor e talvez ele se mostre menos disposto a interagir nos seus termos. Por isso é importante tentar estabelecer um

Abaixo Você não quer que se cão abocanhe com vigor ou o machuque quando você lhe oferecer pequenos petiscos com a mão. Vale a pena investir algum tempo ensinando seu peludo a usar a boca e os dentes com delicadeza.

devem começar a ser ensinados em sessões bastante curtas. Trabalhe por até três minutos e, então, faça uma pausa, deixando seu peludo descansar, curtir uma brincadeira que ele escolha ou dar um passeio. Sessões longas demais o deixarão esgotado, reduzindo a eficácia e a diversão do aprendizado. À medida que seu cão crescer ou acostumar-se ao adestramento, você poderá prolongar as sessões. É claro que, quando seu cachorro tiver aprendido a nova brincadeira, você poderá deixá-lo curti-la pelo tempo que considerar adequado. Algumas brincadeiras terão atividades supervisionadas, enquanto outras servem para manter seu cão ocupado enquanto você está fora de casa ou ocupado com alguma coisa.

mínimo de regras básicas, fazer as práticas de seu treino com regularidade, não dar petiscos quando seu cão não fez por merecer e tentar não dar atenção apenas porque ele a está exigindo. Também é conveniente dedicar algum tempo para ensinar seu cachorro a pegar com delicadeza os petiscos e brinquedos que você lhe oferece, sem abocanhá-los. Seu cão pode ter tudo de que precisa – toda a atenção, a diversão, os carinhos e os petiscos –, mas isso tem de acontecer nos seus termos, não nos dele.

É UMA BOA IDEIA EXPERIMENTAR ADESTRAMENTO COM *CLICKER*?

O adestramento com *clicker* é um método muito eficaz que ajuda o dono a "assinalar" o comportamento desejado com precisão. Um *clicker* é um pequeno dispositivo plástico com uma tira de metal que faz um "clique" quando apertada. Como esse som é novo e característico, o cão o percebe de imediato e pode aprender facilmente a associá-lo a uma recompensa. O cachorro também consegue identificar o que estava fazendo no momento em que ouviu o clique e, assim, repetirá a ação para ganhar outra recompensa.

DIREITA Um *clicker* é um pequeno dispositivo manual que emite um clique característico quando seu botão é apertado. O cão perceberá o som na hora.

Embora o adestramento com *clicker* exija que você tenha seu aparelho sempre à mão, ele também torna o comportamento desejado muito mais claro para o cão, além de estimular você a se concentrar no que seu cão está fazendo direito (para que você tenha um motivo para "clicar") em vez de apenas procurar seus erros. Essa é uma atitude muito mais prazerosa de adotar enquanto trabalha com seu cão e muito menos frustrante para você, como adestrador.

Nesse estágio, você pode usar o *clicker* de duas formas. Primeiro, pode aguardar até que seu cão naturalmente faça algo ou se comporte de determinado modo para, então, você "clicar". Este método costuma ser utilizado em questões comportamentais, quando você está tentando corrigir problemas de

Esquerda Errado. O clique ocorreu enquanto o cão caminhava atrás da pessoa, não quando ele caminhava junto dela.

Acima Sincronia é fundamental quando se inicia um adestramento com *clicker*. Você deve clicar no momento exato em que seu cão estiver se comportando da maneira desejada (por exemplo, caminhar junto de você, acompanhando seus pés, como na figura acima, à direita) e, então, recompensá-lo imediatamente.

comportamento. Porém, quando estiver brincando com seu cão ou ensinando-lhe truques, pode demorar muito para que ele, por acaso, realize uma ação desejável. Apesar disso, cães também podem ser muito criativos quando deixados à vontade, de modo que você pode acabar conseguindo algo muito mais interessante ao valer-se deste método. Isso acontece principalmente se seu cachorro já estiver habituado a usar o cérebro para aprender coisas novas e tiver experiências bem-sucedidas de tentativa e erro no passado.

Sincronia

A segunda forma de usar o *clicker* é persuadir ou incentivar seu cão a fazer determinado movimento ou a realizar uma ação específica que você, então, assinala com o "clique" e recompensa. Quando você estiver conseguindo fazer com que ele realize o movimento ou a ação corretamente, você deve reduzir seu incentivo aos poucos, mas continuar

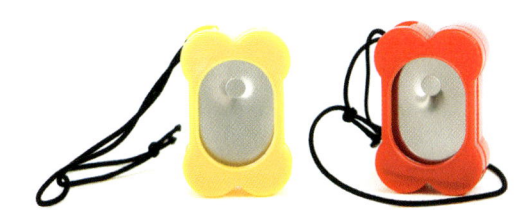

Esquerda Existem *clickers* de vários tamanhos e modelos. Com certeza você encontrará um que agrade a você e a seu cão.

45

Capítulo 2

"clicando" e recompensando as tentativas bem-sucedidas. Este método tem resultados rápidos e, em geral, é como ensinamos truques e alguns esportes caninos.

A sincronia entre o comportamento e o clique é muito importante, visto que este último é sua deixa para a recompensa. As mesmas regras valem para quando você estiver elogiando ou oferecendo petiscos (veja a p. 31).

Se você adotar um *clicker*, dê uma recompensa após cada "clique". No início, você "clicará" com regularidade, a cada pequeno êxito. Quando seu cão tiver progredido, você exigirá cada vez mais dele para que possa ganhar o "clique". Por exemplo, ao ensinar seu cão a dar um "Aperto de Pata", a princípio você pode "clicar" sempre que ele erguer a pata, ainda que só um pouco. Então, você só "clica" até quando ele a erguer um pouco mais alto e, em seguida, espera até que ele realmente toque sua mão. Por fim, ele manterá a pata em sua mão por mais tempo para ganhar o "clique" e a recompensa. Assim você terá criado a base de seu truque.

Divirta-se com seu *clicker*, mas lembre-se de "clicá-lo" apenas quando estiver tentando reforçar aquilo que seu cachorro estiver fazendo. Crianças também não devem brincar com o *clicker*, pois tendem a "clicar" no momento errado ou o fazem apenas para poder ouvir seu barulho. Não deixe o *clicker* onde seu cão possa encontrá-lo, porque ele não terá mais qualquer serventia se for mastigado ou engolido, o que pode ser muito perigoso.

A princípio, alguns cães mais tímidos ou sensíveis a ruídos

AMBAS AS FIGURAS ABAIXO Pode-se usar um *clicker* para desenvolver determinada ação aos poucos. Esse cão está aprendendo o Aperto de Pata. De início, apenas um leve erguer da pata deve ter sido assinalado com um clique e recompensado. Agora, a adestradora aguarda o contato total da pata antes de clicar.

O olhar atento de expectativa revela que o cão está curtindo esta brincadeira.

Acima Você pode acostumar seu cão com o som e o significado do *clicker* "programando-o". Ofereça diversos petiscos a seu cão e clique quando ele pegar cada um deles. Dessa maneira, cria-se a associação entre clique e recompensa.

assustam-se com o som do *clicker*. Contorne esta situação adquirindo um *clicker* mais moderno, de som suave ou tentando abafar seu som, "clicando-o" dentro de seu bolso ou da manga de sua blusa. É possível dessensibilizar o cão gradativamente antes de começar a adestrá-lo e,

Abaixo Se você não planeja usar um clicker, é possível adestrar seu cão com outros métodos. Você pode alcançar os mesmos resultados com petiscos e elogios ditos no momento correto.

com o tempo e as recompensas apropriadas, ele começará a associar o som com coisas de que gosta. Outras pessoas conseguem adestrar seu cão com o som de seu próprio "estalar de dedos", o que dificilmente causará algum estresse.

Como começar a usar o *clicker*

Embora seja possível começar logo a usar o *clicker* no adestramento, muitas pessoas preferem "acostumar" seu cão com o som do clique antes de dar início. Isso é muito simples: basta oferecer um pedaço de alimento a seu cão e "clicar"

Este cão está sendo ensinado a sentar e pedir. Ele é incentivado com um petisco a ficar na posição correta. Em seguida, ele recebe o petisco como recompensa.

47

A ação de rolar pode ser ensinada de forma gradual persuadindo o cão primeiro a virar de barriga para cima a partir da posição deitada.

Acima Algumas brincadeiras podem ser divididas em partes menores e ensinadas passo a passo, de forma a moldar o comportamento.

assim que ele o pegar. Ao repetir algumas vezes a combinação de "clique" e petisco, seu cão passará a associar os dois, de modo que, mais tarde, quando ele ouvir o "clique", já ficará à espera do alimento. Alguns cães farão essa associação depois de apenas alguns "cliques", enquanto outros precisarão de mais algumas sessões. Aproveite esse tempo para acostumar-se a usar o *clicker* e para praticar sua sincronia.

Adestramento sem *clicker*

Adestrar sem o uso do *clicker* também é perfeitamente possível e as instruções para as brincadeiras deste livro permitem que você escolha sua técnica preferida. Entretanto, fique atento para fazer o elogio exatamente no momento correto para alcançar os melhores resultados. Sempre há um método de adestramento adequado a cada um.

Como moldar comportamentos para criar uma brincadeira

Você não pode esperar que seu cão realize uma brincadeira nova e complicada em um piscar de olhos. Pense na brincadeira e, se possível, divida-a em estágios menores que sejam mais fáceis de praticar pouco a pouco. Ensine cada estágio a seu cão separadamente e, a seguir, reúna-os com uma sequência de comandos. "Moldar" é o termo que descreve o modo como os adestradores aceitam o avanço gradual

Abaixo Os brinquedos caninos mais modernos costumam ser resistentes e ter cores berrantes – qualidades ideais para animar as brincadeiras.

do cachorro até chegar às ações finais, de maneira que aprenda, aos poucos, a realizar a brincadeira de forma correta. Como o animal é recompensado a cada pequeno progresso durante o treino, ele não se frustra nem desiste caso não consiga aprender tudo rapidamente.

Brincadeiras com brinquedos

Há uma quantidade tremenda de brinquedos que você pode comprar para seu cãozinho brincar. Pode ser irritante quando seu cachorro destrói um deles de tanto mordê-lo, mas isso não deve desencorajá-lo de usar brinquedos durante as brincadeiras, nem fazê-lo preferir o uso de gravetos ou pedras, pelos motivos explicados a seguir. O mercado oferece brinquedos caninos adequados a todos os bolsos, a todos os tipos de cachorros e a todas as variedades de brincadeiras.

Se você está cansado de perder brinquedos durante as caminhadas, precisa ensinar muito bem seu cão a ir buscá-los e trazê-los de volta. Nessas ocasiões, é conveniente substituir brinquedos menores por brinquedos de cores vivas, presos a cordões, pois são mais fáceis de ver em meio à folhagem!

Considerações sobre segurança: tamanho, formato e estrutura dos brinquedos

Cães são criaturas curiosas e examinarão quaisquer objetos novos, alguns dos quais podem ser perigosos. De fato, muitos cachorros precisam ir ao veterinário todos os anos por causa de ferimentos e lesões que sofrem enquanto estão brincando. Embora seja essencial

Acima Resumindo: se você tem dois ou mais cachorros de tamanhos muito diferentes, lembre-se de que precisará oferecer-lhes brinquedos diversos que sejam adequados às suas estaturas.

Abaixo A inclinação da cabeça é um movimento tipicamente canino e lembra-nos de que cães são animais curiosos por natureza. Eles adoram examinar as coisas com a boca; portanto, tome o cuidado de escolher brinquedos que sejam seguros.

Capítulo 2

que você use a imaginação ao fazer brincadeiras de raciocínio, é necessário levar sempre em conta a segurança dos objetos com que você permite que seu cão brinque. Como explico abaixo, é importante avaliar o tamanho dos brinquedos. Além disso, é melhor evitar objetos frágeis e com bordas cortantes.

Tamanho. É fundamental que qualquer brinquedo tenha um tamanho adequado ao seu cão. A ingestão acidental de bolas e outros brinquedos pequenos é comum e costuma exigir cirurgias para a retirada dos objetos. Se estiver em dúvida quanto a um brinquedo, escolha sempre a versão de tamanho imediatamente maior, se existir. Os brinquedos precisam ser avaliados regularmente à medida que seu filhote cresce, pois apenas algumas semanas podem fazer a diferença quanto à possibilidade de um brinquedo ser ou não engolido. Um adolescente dinâmico provavelmente corre maior risco de engolir um brinquedo durante o frenesi de suas brincadeiras, mas você deve ser cauteloso com cães de todas as idades. Se você tem cães de tamanhos diferentes, tenha cuidado, pois isso exigirá que disponha de brinquedos de tamanhos variados. Sempre que possível, opte por versões maiores e reserve bolas ou brinquedos menores apenas para brincadeiras supervisionadas.

Direita Não compre uma bolinha pequena para um cão pequeno. O brinquedo pode colocar a vida dele em risco caso seja engolido por acidente.

Gravetos são brinquedos caninos tradicionais, mas, na realidade, são motivo de terror para a maioria dos veterinários e profissionais que lidam com cães. O risco de lesões causadas por um graveto simplesmente não compensa. Quando um cachorro corre atrás de um graveto arremessado pelo dono, ele pode ter alguma parte de seu corpo facilmente perfurada por uma extremidade pontiaguda. Pedaços do graveto também podem se soltar, alojando-se na garganta do animal ou é possível ainda que lascas se cravem em seu corpo, causando dores severas. Por existirem muitos objetos de formato semelhante e feitos de borracha no mercado, bem como um número incontável de outros brinquedos caninos fantásticos e de baixo custo, não há desculpas para o uso de gravetos durante as brincadeiras.

Acima Esta parece uma cena em que não há nada com que se preocupar, porém é extremamente desaconselhável incentivar cães a correr atrás de gravetos. Um cão animado demais pode acabar sofrendo ferimentos na boca e no corpo.

Em geral, você deve evitar todos os objetos longos e afiados que possam cortar a boca, a língua ou a garganta de seu cão.

Pedras. Outro péssimo hábito adotado por alguns donos que não têm brinquedos caninos ou esqueceram o brinquedo habitual de seu cão é arremessar pedras. As pessoas costumam escolher pedras que podem ser arremessadas a uma longa distância, o que significa que elas são pequenas o suficiente para serem engolidas. Cães que tentam pegar pedras acabam com dentes quebrados ou trincados, além do risco de morte, caso a pedra lançada atinja a cabeça do bichinho por acidente. Brincar com pedras pode estimular ainda um interesse indesejado nelas, podendo ocasionar o desgaste da dentição. Às vezes o cão pode ingerir um número surpreendentemente grande de seixos, o que exigiria uma cirurgia para sua remoção.

Esquerda As pedras também devem ser abolidas da caixa de brinquedos. Uma pedra arremessada a esmo é um sério perigo à integridade física do cão.

Outros riscos de lesão

Até mesmo os brinquedos comercializados podem ser perigosos. Escolha tipos que possam resistir à força da mordida de seu cão. Se o

Borracha resistente é uma boa opção.

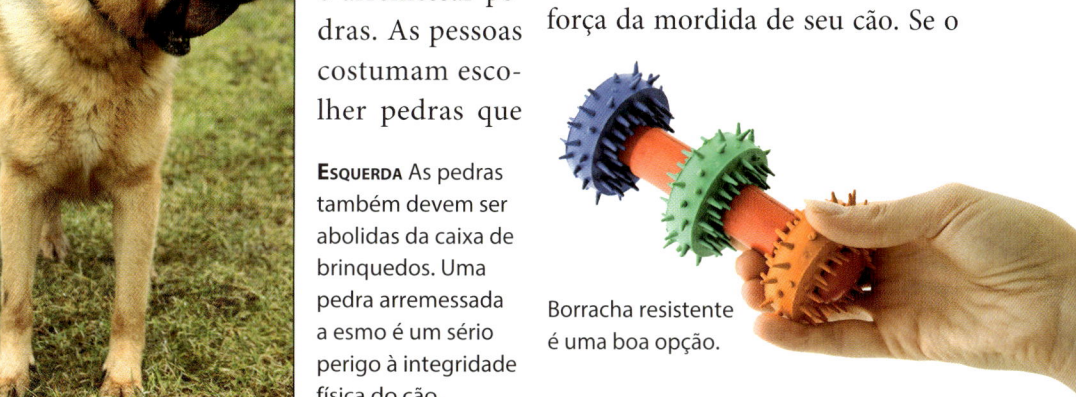

Capítulo 2

Direita Mordidas constantes são um teste e tanto para brinquedos caninos – prefira sempre aqueles que sejam resistentes e duráveis.

seu cachorro gosta muito de morder as coisas, então dê os brinquedos apenas por curtos períodos de brincadeiras, guardando-os antes que ele decida começar a mordê-los. Sempre que um brinquedo for danificado, verifique a existência de pedaços que possam ser engolidos. Bolas de borracha que pareçam sólidas, mas, na realidade, são ocas, devem ser evitadas. Por não conter qualquer abertura que chegue ao miolo oco, permitindo o fluxo livre do ar, existe o risco de que, caso seu cão consiga perfurar o brinquedo, o vácuo do miolo sugue sua língua ou outras partes da boca, causando fortes dores e possíveis ferimentos.

Outro problema comum ocorre quando brinquedos infantis são dados a cães. Embora sua segurança tenha sido testada com relação a crianças, isso não significa que o brinquedo permanecerá inteiro na boca de um cachorro. Olhos de vidro, botões e fitas de ursinhos de pelúcia estão entre os itens inapropriados que os cães adoram mordiscar.

Se seu cachorro estiver mastigando pedaços grandes de seus brinquedos, você deve descartá-los e tentar encontrar versões maiores e mais resistentes. A mesma regra vale para cães que gostam de rasgar

Abaixo Se seu cachorro tiver a tendência de roubar brinquedos infantis para brincar, descarte-os. Brinquedos macios são destruídos com facilidade e pequenos pedaços do enchimento ou as aplicações podem ser engolidos. Esses materiais podem ser tóxicos ou, ainda, pequenos fragmentos deles podem ficar alojados nas vias aéreas ou nos intestinos do cão.

seus brinquedos macios, arrancar-lhes o enchimento e mastigar o apito. Visto que tanto o apito como o enchimento podem ser perigosos se engolidos, é melhor você mesmo retirá-los e descartá-los. Um brinquedo macio sem essas partes internas ainda pode ser usado perfeitamente. Seu cão não vai se importar se ele não se parecer mais com o brinquedo da loja. Ou então você pode comprar brinquedos que não tenham enchimento ou até mesmo confeccionar os seus (veja o capítulo 4).

Como ensinar habilidades básicas para brincar a cães tímidos ou jovens

Alguns cães de estimação são inseguros. O nervosismo inibirá seu comportamento brincalhão e, por isso, é importante que seu peludo esteja o mais tranquilo possível antes de tentar ensinar-lhe qualquer brincadeira.

Se seu cão fica inquieto e ansioso com facilidade, então você deve ter o cuidado de introduzir coisas novas bem devagar. O modo de lidar com a sensibilidade de seu cachorro dependerá daquilo que o

Esquerda Cães ansiosos podem perder a autoconfiança se os adestradores se aproximarem fazendo grandes gestos; por isso, apresente cada nova brincadeira devagar e com bom senso.

deixa ansioso. Talvez você precise tomar cuidado com seus movimentos, já que alguns cães ficam nervosos se o dono se mostra efusivo e animado demais. Outros ficam nervosos quando estão em lugares diferentes ou ao ver equipamentos que não conhecem. A solução é apresentar o objeto novo aos poucos e com calma, deixando-o curtir a experiência. Relaxe e dê tempo para que seu cachorro aprenda as regras da brincadeira em um ritmo que seja adequado a ele. Pressão em excesso provavelmente impedirá que ele se divirta.

Direita Vá com calma se seu cão for do tipo tímido e reservado. As brincadeiras devem ajudar a aumentar a autoconfiança de seu peludo, mas não o sobrecarregue com coisas demais em pouco tempo.

Capítulo 2

Esquerda Alguns cães chegam a uma casa sem saber como interagir com pessoas porque não foram socializados adequadamente. Primeiro você terá de construir um laço de confiança com eles.

Você pode ter adotado um cão adulto com poucas experiências anteriores com brinquedos e atividades divertidas de interatividade. Isso abrange cães resgatados de locais de criação de filhotes para venda e alguns cachorros criados em canis para trabalhar. Cães que foram criados junto de outros cães, mas que tiveram pouco contato com humanos, não terão as habilidades e o conhecimento de como brincar com uma pessoa e você precisará dedicar algum tempo para conquistar a confiança de seu novo amigo e para introduzir cuidadosamente sessões de brincadeiras.

Se um cachorro não desenvolveu habilidades para brincar, você precisará de bastante tempo e paciência para mostrar-lhe o que fazer. Movimentação é uma excelente maneira de começar a despertar o interesse de seu cão em um brinquedo.

Sacudir o brinquedo no chão com movimentos pequenos e rápidos é uma boa maneira de começar. Para cães pequenos ou aqueles que se sentem apreensivos quando tocados, você pode usar uma varinha para gatos com uma isca de pelúcia.

Primeiro você deve apenas incentivar seu cachorro a prestar atenção ao movimento ou dar alguns passos em direção ao brinquedo. Se ele estiver observando a movimentação, provavelmente acabará ganhando confiança para mover-se em sua direção.

Abaixo Uma varinha para gatos pode persuadir um cão que não sabe brincar com brinquedos a reagir a seu movimento.

Acima Pode demorar para cães resgatados se acostumarem com um novo lar. Não apresse as coisas – isso provavelmente não surtirá efeito.

Abaixo Se seu cão ignora seu chamado para voltar durante uma brincadeira, experimente usar uma coleira com guia longa para adestramento.

Sessões curtas são mais produtivas nestes casos. É um processo lento, mas se você conseguir enriquecer a vida desse cão com brincadeiras, isso com certeza será gratificante.

Cães resgatados

Se você adotou um cão resgatado, dê-lhe algum tempo para se adaptar ao novo lar antes de experimentar, aos poucos, algumas brincadeiras e descobrir o que ele gosta de fazer. Não tente forçá-lo a brincar e, caso ele se envolva com a brincadeira, não experimente muitas coisas de uma única vez, para não correr o risco de sobrecarregá-lo. Ele precisa se acostumar com a nova situação e aprender a confiar em você. Assim que você adquirir algum conhecimento de sua personalidade e preferências, poderá começar a combinar novas brincadeiras.

Como evitar problemas e resolver contratempos

As brincadeiras devem ser divertidas e agradáveis para você e para seu cão. Contudo, às vezes ocorrem alguns probleminhas que precisam ser resolvidos sem demora.

Fugir em disparada. Se o seu cachorro correr e não responder a seus chamados, você precisará mantê-lo em uma coleira com guia enquanto

> **Dicas**
> - Escolha uma área segura para começar a brincar ou para apresentar um novo brinquedo.
> - Deixe-o explorar e investigar novos objetos e lugares antes de começar a brincar.
> - Divida a nova brincadeira em pequenas partes que seu cão consiga realizar com facilidade e dê boas recompensas por seus êxitos.

Capítulo 2

Acima Não entre em uma disputa de quem puxa mais se seu cão não largar um brinquedo. Ele precisa ser adestrado, não praticar cabo de guerra.

vocês brincam, ao menos até você ensiná-lo que estar em sua companhia é divertido. Uma coleira com guia longa para adestramento permitirá que ele tenha mais liberdade, ao mesmo tempo em que você mantém o controle geral sobre ele. Se for este o caso de seu cachorro, você tem de retroceder em seu adestramento e concentrar-se em treiná-lo a voltar para perto de você. Tente brincar e caminhar em áreas seguras ou em locais sem distrações para facilitar o processo.

Recusa em devolver um objeto. Caso seu cão não queira largar um objeto, você terá de *ficar calmo e relaxar*. Em regra, nós nos irritamos e repreendemos nosso cachorro quando ele faz isso, mas tal comportamento resulta apenas em mais ansiedade, o que aumenta a probabilidade de que ele reaja mal. Sempre que estiver ensinando um cão a devolver algo, tenha o cuidado de não pegar de imediato o objeto da boca dele. Isso costuma deixar o

Acima Com certeza haverá ocasiões em que seu cão ficará relutante em brincar. Tente motivá-lo com sua voz e sua linguagem corporal, mas não o force a nada caso ele se mostre indiferente.

Esquerda Seu objetivo deve ser que o cachorro solte o brinquedo em sua mão quando você pedir. Tenha paciência e recompense o bom comportamento com um petisco e muitos elogios.

cachorro com medo de devolvê-lo e ele começará a desviar a cabeça de sua mão. Primeiro, elogie-o e faça carinho e, em seguida, segure delicadamente sua coleira com uma das mãos enquanto segura o objeto com a outra, em concha. Espere que ele o solte. Seja paciente! As primeiras experiências de seu cão ao fazer isso são importantes. Quando ele o soltar, diga de imediato "Solta" e faça-lhe muitos elogios. Depois disso, você pode tanto dar-lhe um petisco ou arremessar o brinquedo novamente. Usar uma guia na coleira pode evitar que ele fuja com um objeto até você ensiná-lo que devolver é muito mais divertido.

Desinteresse na brincadeira. Às vezes é difícil fazer com que o cão se mostre disposto a brincar. Um grande inibidor é a falta de autoconfiança; portanto, deixe-o seguro e à vontade. O ambiente ao redor também não deve oferecer distrações, que podem ser, inclusive, outros animais de estimação ou outras pessoas. Seu próprio comportamento também é muito importante: você deve agir demonstrando animação e usando um tom de voz alegre. Faça uma brincadeira que seu cão tenha condições físicas de realizar. Divida-a em pequenas partes e dê uma boa recompensa por ele se mostrar interessado. Tente fazer com que as brincadeiras sejam curtas no início e não canse demais seu cãozinho, pois isso diminuirá sua motivação. Se seu cachorro comeu ainda há pouco

DIREITA Cães hiperativos talvez precisem gastar energia um pouco antes de você tentar realizar uma brincadeira.

ACIMA É bom manter um diário de treinamento. Ele permite que você identifique áreas que exijam mais prática e registre seus êxitos.

ou ganhou vários petiscos, pode ser que ele também não queira brincar. Deixe-o descansar um pouco e espere até que seu apetite volte. Caso ele realmente não queira participar da brincadeira, então talvez você deva escolher outra. Faça uma pausa para pensar sobre o que você pode fazer para incentivá-lo a aceitar a primeira brincadeira que você tiver escolhido.

Entusiasmo demais. Se você tem um cão muito dinâmico, deixe-o se exercitar um pouco antes de tentar brincar ou adestrá-lo. Uma guia pode garantir-lhe maior controle quando você começar de fato. Nesses casos, você precisa manter-se calmo e sereno para não estimular ainda mais entusiasmo.

Capítulo 2

Faça um gráfico de seu progresso

Lembre-se de que não é apenas seu cachorro que precisa de motivação para brincar. Embora seja fantástico ver nosso cão progredindo e aprendendo coisas novas, algumas das tarefas mais difíceis levam mais tempo para serem realizadas. Às vezes, pode parecer que não está havendo quase nenhum progresso. Mantenha um diário de quantas sessões você realizou, descrevendo o que você tentou ensinar e quais resultados obteve, pois isso lhe dará uma ideia mais realista do progresso de seu cão e poderá apontar as áreas problemáticas que exijam atenção. É muito gratificante poder escrever que você finalmente "Conseguiu"!

Acima "Por favor, não me machuque." O cão menor está utilizando linguagem corporal para fazer o sinal clássico de submissão ao grande dinamarquês – rolar e ficar de barriga para cima.

Como usar sinais manuais

A comunicação é um processo bastante complexo e animais diferentes variam muito quanto à ênfase que dão a sinais visuais e verbais. Por sermos humanos, temos uma tendência a nos concentrarmos no uso de palavras

Esquerda O gesto para o comando "Deitado".

Direita Em geral, ensina-se um cão a deitar usando-se um petisco para persuadi-lo a adotar a posição desejada. Quando a lição é aprendida, elimina-se o petisco. O gesto torna-se a indicação visual.

enquanto adestramos nosso cão e nos esquecemos de tudo o mais que nosso corpo esteja fazendo. Os cães se comunicam muito por meio de linguagem corporal e movimentos, de modo que parece bem razoável de nossa parte tentar levar em conta o que nossos próprios movimentos físicos possam estar dizendo e lembrar que alguns de nossos gestos devem parecer muito confusos aos nossos cães.

Ao ensinar novas ações, é conveniente usar, no início, um gesto para incentivar seu cachorro a adotar a postura desejada. Esse incentivo ou movimento pode, mais tarde, tornar-se nosso sinal manual ou indicação inequívoca para a atividade. Por exemplo, quando persuadimos nosso filhote a ficar "Deitado", o movimento da mão que originalmente encorajava nosso cão a deitar-se no chão passa a ser um gesto mais sutil para baixo. Depois que seu filhote tiver visto o movimento com a ação e tiver sido recompensado por responder corretamente, ele fará uma forte associação entre o gesto e a ação. Isso permite que você se comunique com seu cachorro sem a necessidade de palavras. Essa habilidade é aproveitada por grupos que treinam cães para auxiliar mudos. Os cães ficam tão atentos

Acima Ensinar comandos verbais a seu cão oferece-lhe uma ferramenta adicional para o adestramento. Quando ele estiver realizando a ação desejada, você deve apresentar a palavra de comando para que ele comece a associar o som que ouve a um movimento específico.

Esquerda A habilidade dos cães de interpretar a linguagem corporal humana fica evidente quando se observa um cão assistente ou de terapia em ação. Alguns cães são tão sensíveis às necessidades de seu dono que atuam como um par adicional de olhos, ouvidos e mãos.

à linguagem corporal de seu dono que tendem a responder melhor a esses sinais do que a palavras, principalmente quando são jovens e estão aprendendo a interpretar os sinais humanos.

Introdução de comandos verbais

Embora nossa linguagem corporal seja muito importante para os cães, não podemos de fato fugir à necessidade de acrescentarmos comandos verbais. É impressionante como os cachorros conseguem aprender a responder bem aos comandos verbais de seu dono. Existem registros de cães capazes de responder corretamente a mais de 200 palavras de comando diferentes usadas por seu dono. Embora isso pareça uma meta inalcançável, seu cachorro conseguirá aprender

1. Esta é a maneira de ensinar a um filhote o que "Sentado" deve significar para ele.

2. Primeiro, com um petisco na mão, atraia a atenção dele. Em seguida, você deve mover o petisco para trás, por cima da cabeça dele, devagar.

Esquerda Gritar "Sentado" para um filhote quando ele estiver pulando em você apenas confundirá as coisas. O comando "Sentado" deve ser associado a uma situação em que o filhote esteja com os quadris completamente apoiados no chão. Você não quer que ele pense que "Sentado" = Pule.

3. Quando ele cair na posição sentada, diga "Sentado" e recompense-o na mesma hora. Por meio de repetição, o comando verbal torna-se o gatilho da ação.

uma gama de comandos verbais se você praticar o suficiente.

O primeiro erro no uso de palavras de comando é tentar gritá-las repetidas vezes para o cão. Pare e lembre-se de que, se você não tiver ensinado seu cão corretamente, ele não terá a menor ideia do real significado desse som que você está emitindo. Tenha paciência. A palavra de comando deve ser apresentada somente quando seu cão já estiver de fato realizando a ação com que você quer associá-la. Seu cachorro precisa aprender uma nova linguagem quando interage com você. É muito provável que

Esquerda A maioria dos cães aprende incrivelmente rápido. Em pouco tempo, seu cachorrinho ficará feliz em sentar mesmo que você faça gestos pequenos de comando.

ele cometa erros caso você não passe uma mensagem clara e inequívoca.

Uma situação comum é gritar "Sentado!" a um filhote que está pulando em você. Com essa experiência, seu filhote aprende que a ação de pular e o som "Sentado" sempre acontecem ao mesmo tempo. Isso não o ensina a sentar. Na realidade, isso aumenta a probabilidade de que ele continue a pular ou, no mínimo, não consiga obedecer a seu comando para sentar.

A maneira correta de ensiná-lo a sentar é persuadi-lo a fazer a ação primeiro e depois recompensá-lo. Quando ele estiver sentado, você deve apresentar a palavra "Sentado". Associe a ação ao som da palavra por várias vezes até que ele comece a compreendê-la. Aos poucos, você deve começar a dizer a palavra de comando imediatamente antes de seu filhote responder a seu gesto ou ao que você usou para persuadi-lo. Ele aprenderá que, quando ouvir o som "Sentado", deve sentar, pois, então, será recompensado. Se você o ensinar seguindo esses passos, nessa ordem, quando seu filhote pular em você, bastará pedir com calma que ele fique "Sentado"

Acima Mesmo os melhores planos... Ao ensinar uma brincadeira, sempre haverá ocasiões em que as coisas simplesmente não sairão como você quer.

e ele, lembrando o que deve fazer, responderá da maneira correta.

E lembre-se: não fique repetindo sua palavra de comando caso ela não produza a resposta necessária logo na primeira vez. Dê tempo para que o cão pense e reaja, principalmente quando você está começando o treinamento. Repeti-la diversas vezes em sequência costuma não surtir efeito, pois o cão começará a responder a essa cadeia de palavras em vez de responder à única palavra que deveria. Assim, em lugar de um simples "Sentado" produzir a resposta desejada, você terá de dizer "sentado-sentado-sentado-sentado".

Existe ainda o risco de seu cachorro ficar completamente dessensibilizado àquela palavra ou de associá-la a qualquer outra coisa que esteja fazendo ou vendo. Se você achar que algum destes problemas está acontecendo, então volte e tente avaliar por que ele não está respondendo. Caso seu cão esteja distraído, atraia sua atenção antes de dar-lhe um comando claro. Observe sua própria linguagem corporal e fique atento ao seu tom de voz, pois, se você estiver frustrado, seu cão talvez perceba os sinais e também fique estressado.

Como simplificar os comandos

Ao começar a ensinar um comando, é provável que você faça

Agora que a bengala foi abaixada, saltar sobre ela é muito mais fácil.

mínimos com seu cachorro, já que isso impressiona muito os espectadores.

O QUE FAZER QUANDO O TREINO NÃO SAI COMO PLANEJADO

Pode ser bem frustrante não alcançar seu objetivo em uma sessão de adestramento. Quando as pessoas estão frustradas, ficam mais propensas a cometer erros, adotar métodos contraditórios, exigir demais do cão e recorrer à punição.

Acima Se você está enfrentando dificuldades, é aconselhável voltar um ou dois estágios da brincadeira para restabelecer as regras básicas.

Se seu cachorro não estiver conseguindo aprender a lição que você está tentando ensinar, pare, volte ao estágio anterior e reflita sobre o que você está fazendo. Ele não está aprendendo por algum motivo e esse motivo costuma ser que o treinador não está transmitindo a mensagem com clareza. Caso seu cão já tenha tentado algumas vezes sem sucesso, faça uma pausa e deixe-o relaxar. Verifique se as recompensas são realmente motivadoras e avalie todas as razões possíveis para essa falta de interesse.

grandes gestos e exagere na persuasão. À medida que seu cachorro for compreendendo o propósito da brincadeira, você pode começar a simplificar seus sinais. Todos os gestos podem ser gradativamente simplificados. Pratique a atividade que você quer que seu cão realize e, depois de algumas repetições, ele começará a prever o que você está pedindo tão logo você inicie o movimento do sinal. A cada vez, use uma versão um pouco mais simplificada do gesto e recompense seu cão tão logo ele responda. Aceite o desafio de usar comandos

Evite castigos durante as brincadeiras

As brincadeiras devem ser divertidas e sem punições. Quando seu cão cometer um erro, pare a brincadeira e tente outra vez. Se ele continuar repetindo o erro, é porque não compreendeu a atividade que você está propondo. Repita todos os passos e veja se seu cachorro está conseguindo realizar bem as etapas iniciais. Caso seu cão fique muito agitado ou tenha algum comportamento inadmissível, pare a brincadeira e deixe que ele se acalme enquanto você analisa o que houve de errado.

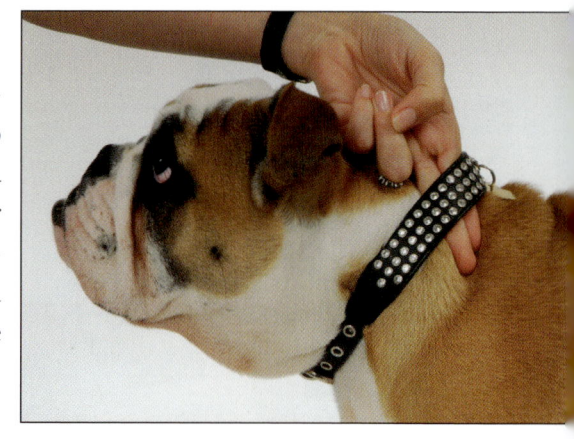

Acima Verifique se coleiras comuns e coleiras peitorais estão em bom estado de conservação e são do tamanho adequado.

Esbravejar e castigar seu cachorro provavelmente fará com que ele fique ainda mais agitado ou assustado e pode exacerbar qualquer comportamento problemático.

Seu cão talvez fique frustrado se não receber uma recompensa que esteja esperando. Isso pode acontecer porque as regras da brincadeira foram modificadas de repente ou porque ele está confuso. Lembre-se de ajudá-lo a conseguir nas primeiras vezes e, então, aos poucos, reduza seu auxílio e a quantidade de informações, deixando-o entender a brincadeira por si mesmo. Se seu cachorro estiver confuso, é provável que você

Esquerda Se você precisar de quaisquer acessórios para realizar as brincadeiras deste livro, as tabelas indicarão.

o veja tentando vários comportamentos diferentes que, antes, lhe renderam recompensas. Tente não repreendê-lo por tais erros, apenas não o recompense por fazer coisas que você não pediu. Espere um pouco, dando-lhe a chance de pensar e, se necessário, volte ao estágio anterior e ajude-o a realizar a atividade corretamente.

Prepare-se para brincar

A descrição de cada brincadeira neste livro vem acompanhada de uma lista dos objetos ou acessórios de que você precisará. Vale a pena se preparar antes de começar cada brincadeira, principalmente aquelas que você mesmo criou. Estabeleça quais são as coisas de que você necessita, se precisará de ajudantes, qual palavra de comando usará e onde deve começar a treinar seu cão.

Verificação dos equipamentos. Você é responsável pela segurança de seu cachorro em toda e qualquer situação; portanto, escolha com muito cuidado os equipamentos que for usar. Instrumentos básicos de adestramento, tais como a coleira simples ou a coleira peitoral de seu cão, devem ser colocados corretamente e estar em perfeito estado de conservação. Esportes caninos oficiais recomendam seus próprios equipamentos específicos, de modo que você deve pesquisar e conversar com membros de outras equipes para descobrir de que precisará para que seu cão participe.

PARTE II

Que comecem as brincadeiras

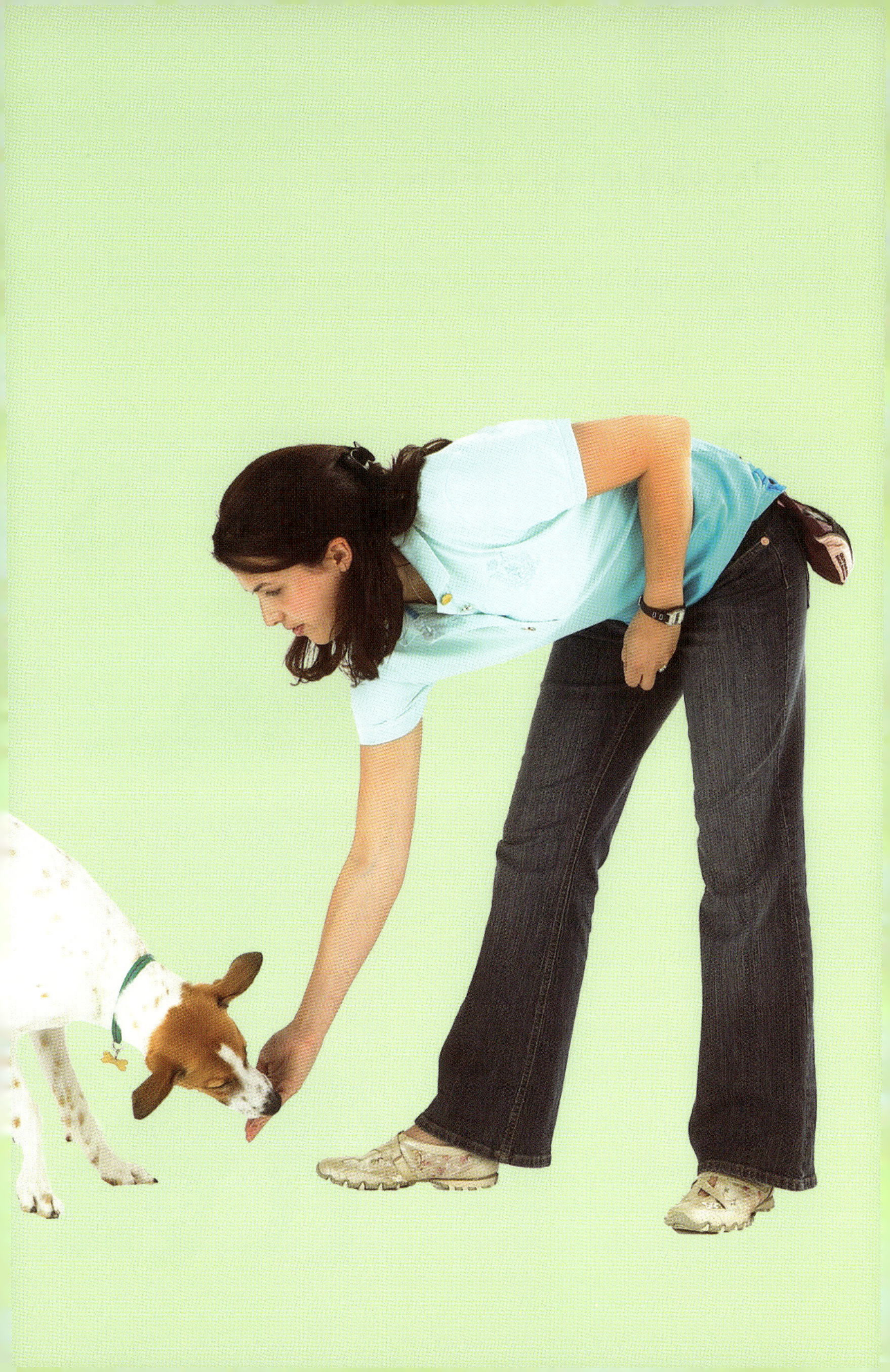

Capítulo 3

Passatempo de Filhote

Um filhote normalmente terá muita energia e entusiasmo para brincar. No entanto, sem orientação, ele pode escolher brincadeiras inadequadas, pois eles adoram usar a boca, pular e perseguir. Não é conveniente que seu filhote fique mordendo suas mãos ou perseguindo seus dedos dos pés. Ao ensiná-lo a brincar direito, ele começará a reservar suas mordidas para seus brinquedos. Apenas não espere que seu filhote brinque corretamente com os brinquedos que você comprar. Reserve tempo para incentivá-lo, com tranquilidade, a brincar direito e elogie-o quando acertar.

naturalmente mais propensas que outras a morder objetos e a maioria pode provocar grandes estragos em sua casa ou pertences. Como morder é uma atividade natural e normal, então não espere que seu filhote nunca morda nada. Em vez disso, ensine-o a concentrar-se em seus próprios brinquedos.

Mordedores de couro cru
Mordedores feitos de couro cru de vaca são encontrados em todos os formatos e tamanhos. Para máxima segurança, escolha couros crus produzidos em áreas rurais que obedeçam a padrões confiáveis de segurança. Além disso, retire quaisquer pedaços pequenos, para evitar engasgos. Compre esses brinquedos em formatos variados para aumentar o interesse de seu cãozinho.

Brincadeira Solo
Apenas o cão

Local: Qualquer lugar em que seu filhote possa ficar tentado a morder alguma coisa.

Nível de dificuldade: ☆ Fácil

Acessórios: Uma variedade de objetos que possam ser mordidos.

Filhote "nhac-nhac"

Todos os filhotes precisam morder coisas ao longo de sua fase de crescimento. Algumas raças são

Brinquedos próprios para morder

Dê a seu filhote uma variedade de brinquedos de diferentes formatos, tamanhos e texturas. É provável que ele tenha preferências específicas, mas suas predileções podem mudar de acordo com seu humor, caso estejam nascendo os dentes ou se ele tiver fome. Você terá de passar algum tempo incentivando qualquer cão a brincar com um objeto novo e filhotinhos precisam aprender como usar alguns brinquedos adequadamente.

Brinquedos de morder

O mercado disponibiliza toda uma gama de brinquedos de morder que manterão seu filhotinho ocupado. Você deve supervisionar seu filhote enquanto ele estiver brincando com tais brinquedos, pois alguns tentarão engoli-los inteiros em seu entusiasmo.

Como incentivar o uso de brinquedos de passatempo

Facilite as coisas no início para que seu filhote não desista. Elogie-o e o incentive a brincar com o brinquedo. Talvez você precise segurar o brinquedo nas primeiras vezes, enquanto seu filhote começa a lamber o alimento que está lá dentro. Chegará o momento em que ele ficará feliz em pegar o brinquedo e brincar sozinho. Não se esqueça de continuar a incentivá-lo e, de vez em quando, de colocar outro tipo de petisco saboroso lá dentro. Use um desses brinquedos nas atividades em que seu cãozinho tenha de ir buscar um objeto e, quando ele o trouxer até você, aproveite para acrescentar mais alimento. Se você fizer tudo direitinho, seu filhote ficará contente em passar longos períodos brincando com eles.

Ossinhos Nylabone para filhotes

Especialmente desenvolvidos para filhotinhos que ainda não têm dentes permanentes nem a força mandibular de um adulto, os ossinhos Nylabone para filhotes são opções seguras para saciar os impulsos de morder de seu cãozinho. Eles são encontrados em versões comestíveis e não comestíveis, ao gosto de seu cão. À medida que seu filhote cresce, passe gradativamente aos produtos Nylabone para adultos.

Brinquedos de passatempo para filhotes

Muitos destes brinquedos são feitos de borracha resistente, porém macia o bastante para a boca de seu filhote. Tome o cuidado de trocá-los por versões para adultos quando seu filhote tiver crescido. Esses brinquedos costumam ser ocos, para que você os recheie com o alimento de seu peludinho ou alguns petiscos, de modo que ele passe o tempo tentando tirá-los dali para saboreá-los.

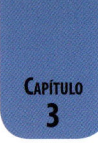

FILHOTE VAI BUSCAR

Pode parecer perfeitamente natural ver um cão correndo atrás de um brinquedo e o devolvendo a seu dono. Entretanto, muitos cães nunca chegam a aprender isso e seus donos acabam tendo de buscar todos os brinquedos que arremessam. Ensine a seu filhote a tarefa simples de buscar um brinquedo e devolvê-lo e, no futuro, você terá muitas outras brincadeiras mais avançadas para fazer a partir disso.

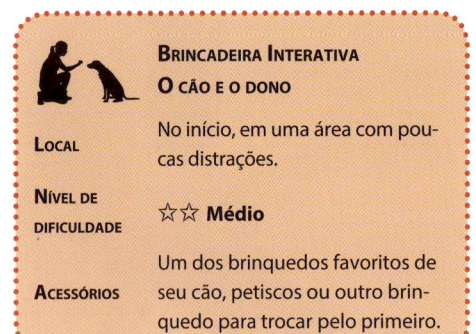

	BRINCADEIRA INTERATIVA **O CÃO E O DONO**
LOCAL	No início, em uma área com poucas distrações.
NÍVEL DE DIFICULDADE	☆☆ Médio
ACESSÓRIOS	Um dos brinquedos favoritos de seu cão, petiscos ou outro brinquedo para trocar pelo primeiro.

Como desenvolver a habilidade

Repita a atividade mostrada na página seguinte (**1-4**) apenas algumas vezes durante cada sessão de brincadeiras, ou seu filhote poderá ficar entediado ou cansado. Faça uma pausa e brinque novamente mais tarde. Pratique com brinquedos diversos e em lugares diferentes para seu cãozinho aprender bem a atividade.

Você pode ensinar uma devolução mais comedida dos objetos no futuro, mas, nos primeiros estágios, deve deixar seu cão se divertir muito ao trazer coisas de volta a você, sem se preocupar quanto ao modo como ele exatamente as entrega. Isso pode ser aprendido depois, caso queira um adestramento mais formal ou de obediência.

Se você acha que seu filhote tem uma tendência a fugir com o brinquedo, amarre um cordão neste ou prenda uma guia tradicional para filhotes à coleira de seu cãozinho. Estes recursos podem ser usados para impedir que ele fuja, mas nunca os utilize para arrastá-lo até você. Esta técnica também é útil com cães mais velhos que já aprenderam hábitos indesejados.

Mais tarde, com o progresso de seu filhote, você pode começar a arremessar o brinquedo cada vez mais longe. Se você não for um exímio arremessador ou sofrer de problemas nos ombros, talvez ache mais fácil usar uma bolinha presa a uma corda ou até mesmo um lançador de bolinhas específico para brincadeiras com cães para ajudá-lo a alcançar maiores distâncias.

Brincadeira de jogar e buscar

1. Não cometa o erro de arremessar o brinquedo longe demais quando seu filhote ainda é pequenininho. Você pode começar rolando a bola ou jogando o brinquedo apenas a uma distância bem pequena.

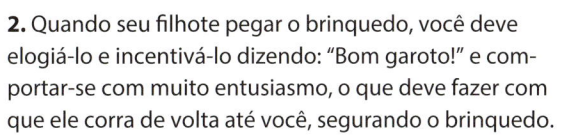

2. Quando seu filhote pegar o brinquedo, você deve elogiá-lo e incentivá-lo dizendo: "Bom garoto!" e comportar-se com muito entusiasmo, o que deve fazer com que ele corra de volta até você, segurando o brinquedo.

3. Tente mostrar a recompensa apenas quando ele já tiver voltado, pois muitos filhotes largarão o brinquedo assim que virem o petisco que você está oferecendo. Evite tomar o brinquedo da boca de seu filhote. Reserve um momento para elogiá-lo por voltar para perto de você, segure o brinquedo delicadamente com uma das mãos em concha enquanto oferece o petisco com a outra mão. No instante em que seu cãozinho soltar o brinquedo, você pode dizer "Solte" ou outra palavra de comando que quiser e entregar-lhe o petisco.

4. Alguns cães preferem trocar um brinquedo por outro. Caso seu filhote relute em largar o brinquedo, fique calmo. Se você ficar impaciente e tenso, ele também ficará e isso diminuirá a probabilidade de ele soltar o brinquedo.

> **Dica** Não se envolva em um cabo de guerra com seu filhote, a menos que você queira isso. Mantenha sua mão parada e próxima ao corpo e você perceberá que ele acabará desistindo, uma vez que brincar de cabo de guerra não é muito divertido se você não estiver brincando também.

Apenas aguarde, mantendo um tom de voz suave e uma expressão facial tranquila. Ele acabará largando o brinquedo e, então, você poderá recompensá-lo para que ele queira soltá-lo ainda mais depressa da próxima vez.

JÁ PRA CAMA

A maioria dos donos quer ser capaz de fazer com que seus cães vão se deitar e fiquem quietinhos. Isso facilita as coisas quando se está recebendo visitas ou trabalhando em casa, pois você poderá fazer com que seu cão saia quando não quiser que ele fique exigindo atenção ou pulando em você.

> **BRINCADEIRA INTERATIVA**
> **O CÃO E O DONO**
>
> **LOCAL**: Comece perto da caminha de seu filhote e depois em outros lugares onde você gostaria que ele se aquietasse.
>
> **NÍVEL DE DIFICULDADE**: ☆☆ Médio. Você vai precisar do comando "Deitado".
>
> **ACESSÓRIOS**: A caminha do filhote, petiscos e brinquedos de morder.

Infelizmente, costuma-se mandar o cão para a cama com broncas em vez de tentar fazê-lo de uma forma divertida. Se você reservar algum tempo para ensinar seu cãozinho a correr para a cama e deitar-se para receber uma recompensa, você perceberá como ele ficará mais confiável e fácil de conviver. Além disso, esta técnica também poderá ser usada em outras atividades de adestramento.

Talvez você decida ensinar seu filhote a ir para sua caminha e deitar-se ali. A caminha tem de ser um lugar aonde ele goste de ir; portanto, recompense-o muito bem por usá-la quando você mandar. Comece com sessões durante as quais seja improvável que seu filhote se distraia. Você terá melhores resultados se praticar tal atividade em momentos mais tranquilos em lugar de fazê-lo apenas quando seu cãozinho estiver inquieto ou agitado.

Como introduzir um comando verbal

Agora que ele está realizando a ação que você quer, você pode introduzir seu comando verbal. Da próxima vez em que ele subir na caminha, diga "Já pra Cama" e elogie-o em seguida. Depois disso, você pode jogar outro petisco para que ele permaneça ali, repetindo o comando "Já pra Cama". Você precisará repetir esta etapa algumas vezes para que seu filhote faça a associação. Tente praticar algumas vezes por dia, por alguns minutos de cada vez.

Agora, pratique sem jogar o primeiro petisco. Seu cãozinho já estará familiarizado com o gesto de jogar o petisco e isso pode ser transformado em seu sinal para que ele vá para a cama. Quando ele se aproximar da caminha, diga "Já pra Cama" e, então, depois que ele subir, elogie-o e jogue o petisco na caminha como uma agradável recompensa.

Persuasão e Recompensa

1. Comece com seu filhotinho junto de você. Posicione-se, agachado, a uns 30 centímetros da caminha dele. Jogue um belo petisco na caminha, o que servirá de atrativo para iniciar o treinamento.

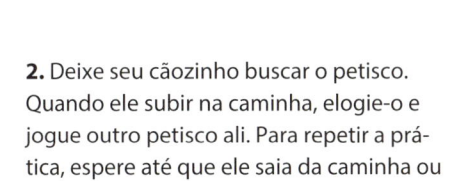

2. Deixe seu cãozinho buscar o petisco. Quando ele subir na caminha, elogie-o e jogue outro petisco ali. Para repetir a prática, espere até que ele saia da caminha ou chame-o para fora e faça tudo de novo.

Dica Seu filhote fará muitas associações positivas com o fato de estar no ambiente de sua caminha; portanto, chegará o momento em que você não precisará mais lhe oferecer petiscos. Contudo, este é o lugar ideal para oferecer brinquedos de morder e de passatempo, qualquer que seja a idade de seu cão.

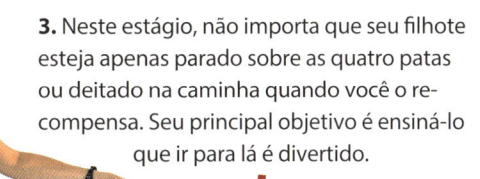

3. Neste estágio, não importa que seu filhote esteja apenas parado sobre as quatro patas ou deitado na caminha quando você o recompensa. Seu principal objetivo é ensiná-lo que ir para lá é divertido.

Acrescente um "Deitado"

O próximo passo é fazer com que seu filhote se deite na caminha antes de dar a recompensa.

Alguns filhotes terão de ser persuadidos a deitar-se no início, dependendo de quanto você praticou o comando "Deitado" antes. Assim que ele se deitar, dê a recompensa.

Os filhotes aprendem com extrema rapidez aquilo que você quer que eles façam, principalmente quando há uma recompensa.

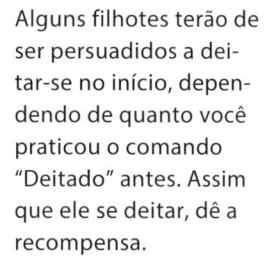

Repita a prática de mandá-lo para a caminha para ajudá-lo a aprender que, agora, também precisa deitar-se para ganhar o petisco. Quando seu filhote entender isso, é provável que ele se deite mais depressa.

Como usar um gesto

1. Comece praticando um pouco mais distante da caminha e em todas as partes e cantos do cômodo para ele ir pra cama de onde quer que esteja. Diversifique as recompensas oferecidas. Se ele partir de um ponto mais distante, dê uma recompensa mais atraente. Isso deve fazer com que ele vá correndo para a caminha!

2. Comece a aumentar o tempo que ele deve passar na caminha. Para incentivá-lo a ficar mais tempo ali, ofereça também brinquedos de morder ou um brinquedo de passatempo para filhotes, colocando-os na caminha. O ideal é que você o ensine a permanecer na cama até que você lhe dê permissão para sair com seu comando "Pode Sair" ou chamá-lo.

Pega e solta

Todos os cães deveriam ser capazes de obedecer a um comando para parar qualquer coisa que estejam fazendo. Nós chamamos este comando de "Solta" ou "Larga", que é uma brincadeira para controle de impulsividade. É melhor reforçar este comando durante sessões curtas de treinamento, pois assim você terá maiores chances de êxito em situações em que seja crucial que seu filhote obedeça. Isso também facilitará a realização das brincadeiras mais avançadas deste livro.

Ao ensinar a seu filhote a ideia de soltar da maneira positiva descrita a seguir, seu cãozinho continuará contente ao ouvi-lo em vez de sentir-se apreensivo quando você tiver de gritar o comando pela primeira vez em uma emergência. Isso fará com que a reação dele seja mais confiável. Faça curtas sessões de prática diária até que seu filhote tenha um ótimo desempenho.

A parte "Pega" envolve boas maneiras. Seu filhote aprenderá a esperar seu comando antes de pegar qualquer coisa de sua mão. Isso pode ser muito útil quando há crianças na casa ou quando um cão seja muito ávido por abocanhar brinquedos e petiscos. Esta etapa segue de maneira muito natural a parte "Solta" da brincadeira.

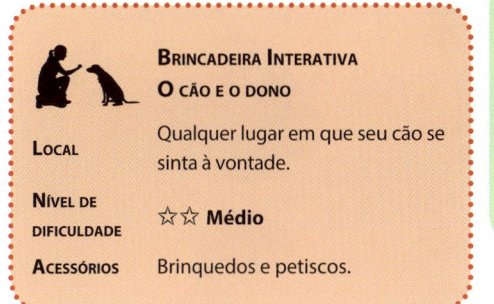

	Brincadeira Interativa **O cão e o dono**
Local	Qualquer lugar em que seu cão se sinta à vontade.
Nível de dificuldade	☆☆ **Médio**
Acessórios	Brinquedos e petiscos.

Dica Esta é uma lição em que você pode introduzir o comando verbal logo no início. Filhotes aprendem tão rápido que parece quase não fazer diferença esperar até que ele tenha recuado para então dizer o comando "Solta". Recompense apenas o comportamento correto.

Como ensinar a parte "solta" da brincadeira
1. Comece segurando um brinquedo de que seu filhote goste, mas não use logo de cara seu brinquedo predileto. Balance o brinquedo perto do cãozinho para despertar seu interesse.

Capítulo 3

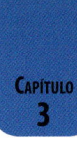

2. Se ele tentar tirar o brinquedo de você, pare de balançá-lo e diga "Solta" a seu filhote.

3. Espere que ele largue o brinquedo ou recue só um pouquinho e, então, recompense-o imediatamente com um petisco ou brinquedo que você traz na outra mão, dizendo "Pega".

4. Antes de dar a recompensa, veja se ele não está batendo com a patinha em você. À medida que você praticar, ele começará a recuar para mais longe ou parar mais depressa de bater em você com a patinha quando você der o comando "Solta".

1. A maioria dos cães é muito rápida em aprender a lição "Solta". Pratique com alimentos e também com brinquedos de morder.

2. Em algum momento, seu filhote começará a generalizar o termo "Solta" e entendê-lo como um sinal para parar o que estiver fazendo e recuar, pois sabe que, agindo assim, ganhará uma recompensa.

3. Depois de ele parar de abocanhar o objeto em sua mão, como você ensinou, você pode entregar o petisco com a outra mão.

Capítulo 4

Brincadeiras em Casa

Um dos principais lugares onde seu cão precisa de estímulo é no ambiente doméstico. Estas brincadeiras ajudarão a manter seu cachorro ocupado sempre que ficar sozinho em casa ou quando você receber visitas. E algumas delas podem até ser úteis, caso você deseje que seu cachorro ajude em casa!

Brinquedos de passatempo e para espantar o tédio

O mercado oferece inúmeros brinquedos desenvolvidos para manter seu cão ocupado por longos períodos, tentando pegar o alimento com que você os recheou.

Existem opções apropriadas a cachorros de todos os tamanhos e preferências, de maneira que qualquer cão pode aprender a usar esses brinquedos com o tempo. O objetivo deles é incentivar seu cão a passar o tempo tentando alcançar o alimento, tirando partido do natural instinto canino de procurar comida. É demasiado comum e sem graça para um cão ter apenas de caminhar até sua vasilha de ração ou olhar para você de determinada

Como recheá-los com alimento
Comece recheando o brinquedo com um alimento que você sabe ser do gosto de seu cachorro (e que não prejudique sua digestão). Se você decidir usar ração seca, coloque alguns pedaços maiores de biscoito canino para bloquear a abertura, de forma a reduzir o risco de a ração sair toda de uma só vez. Acrescentar alimentos mais pastosos com a ração ajudará a grudar os pedaços secos uns nos outros, fazendo com que a porção também dure por mais tempo. Você pode espalhar pequenas quantidades de queijo cremoso ou patê em volta da abertura do brinquedo, para incentivar seu cão a se alimentar.

Brincadeira Solo
Apenas o cão

Local
Qualquer lugar, embora seja menos recomendada em carpetes claros, por conta da bagunça e de possíveis manchas de saliva.

Nível de dificuldade
☆☆ Médio

Acessórios
Uma variedade de brinquedos adequados ao tamanho e à força da mandíbula de seu cão. Alimento para rechear o brinquedo.

forma para receber uma porção de alimento gratuitamente. Isso não é nada natural e o deixa com muito tempo livre para fazer traquinagens. Em uma situação natural, seu cachorro teria de encontrar uma presa, caçá-la e, em seguida, passar um bom tempo mastigando e digerindo o alimento. Cães de estimação têm uma atividade muito menos truculenta, mas seus instintos básicos continuam ali e, ao tornar o processo de alimentação o mais interessante possível, eles devem sentir maior satisfação. Além disso, gastam mais energia, já que uma pequena porção de alimento durará mais, o que é excelente para cães que parecem estar sempre com fome ou precisam perder peso. Reduzir a quantidade de alimento que você dá a seu cão não será algo tão óbvio se oferecer suas porções por meio de um brinquedo de passatempo em vez de servi-las na vasilha.

Mantenha a variedade

Deixe os brinquedos mais interessantes ao variar os recheios, alternando-os com tipos diferentes e oferecendo-os apenas em determinadas ocasiões em vez de deixá-los à mão o dia inteiro, todos os dias. A maioria deles é muito fácil de limpar depois de seu cão terminar a brincadeira. Contudo, lembre-se de recheá-lo novamente da próxima vez, pois um brinquedo vazio não manterá seu cachorro ocupado por tanto tempo.

> **Dica** Se seu cachorro continuar recebendo uma vasilha cheia de alimento no horário de suas refeições, ele pode ficar menos disposto a se dar ao trabalho de conseguir porções extras nos brinquedos recheados. Tudo depende da motivação dele para conseguir comida. Ao servir as principais refeições nesses brinquedos ou recheá-los com alimentos muito mais apreciados do que aqueles das refeições comuns, a motivação de seu cão para brincar será muito maior.

Capítulo 4

Faça com que seu cão se interesse pelo brinquedo

Segure o brinquedo enquanto seu cachorro o cheira e lambe, elogiando-o sempre que demonstrar interesse. Não imagine que bastará apresentar o novo brinquedo a seu cão para que ele saiba de pronto exatamente o que fazer. É preciso mostrar para a maioria dos cães como se usa o brinquedo e encorajá-los a fazê-lo pela primeira vez. Enquanto ele estiver lambendo o brinquedo, dê-lhe um nome, por exemplo, "Kong"! Isso será útil no futuro, para suas brincadeiras com palavras.

Seu cão logo associará o brinquedo com a satisfação que ele lhe traz, o que aumentará sua persistência e vontade de brincar até que o brinquedo esteja vazio.

Uma boa serventia para aquelas sobras de alimento

Também é possível tornar o brinquedo ainda mais interessante recheando-o com as sobras da cozinha que seriam dadas a seu cão.

Brinquedos de passatempo

Qualquer que seja o estilo de seu cão ao brincar ou sua preferência por formatos, sempre haverá um brinquedo de passatempo adequado a ele. Alguns brinquedos podem ser rolados ou arremessados, como bolas, ao passo que outros apresentam formatos irregulares, o que torna sua movimentação imprevisível. Aqueles de superfície estriada podem até mesmo gerar certo atrito, friccionando-se contra os dentes de seu cão, o que ajudará a mantê-los limpos enquanto ele brinca. Foram desenvolvidos vários tipos de jogos de tabuleiro para cães, os quais podem ser simples ou bastante complexos, dependendo da quantidade de tempo que você deseja dedicar ao treinamento de seu cachorro e de quanto ele gosta de aprender. Alguns demandam supervisão, portanto escolha com cuidado e compre brinquedos seguros com que seu cão possa brincar sozinho, caso essa seja sua principal necessidade.

Os cães precisam se esforçar para pegar os petiscos.

Kong®

Esse popular brinquedo de borracha está disponível em duas versões quanto a sua resistência e em tamanhos variados, adequando-se à maioria dos cães. Se você quiser um mordedor mais resistente, escolha a versão preta, mais firme e um tamanho maior. Estes brinquedos podem ser aquecidos no forno de micro-ondas ou congelados para criar distrações mais atrativas.

Brinquedo para rechear *Stuff-a-ball*

Este brinquedo de borracha com reentrâncias pode ser usado como bola ou como comedouro. O formato é uma variação dos brinquedos Kong. A versão vermelha será adequada para a maioria dos cães, embora a versão preta, de borracha mais resistente, seja indicada para cães de mordida mais forte.

Capítulo 4

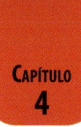

BRINQUEDOS CANINE GENIUS
Esta nova versão do brinquedo de borracha tem um formato original e permite que você encaixe diversos deles uns nos outros, dificultando a retirada dos petiscos e, portanto, propondo um desafio maior para cães especialistas em esvaziar seu brinquedo Kong.

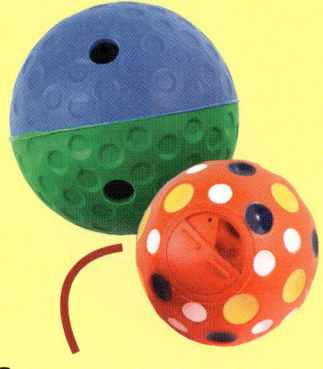

BOLA-COMEDOURO
Esta bola de plástico firme pode ser recheada com a ração seca de seu cachorro. Ele terá de rolar o brinquedo pelo chão com o focinho ou a pata para fazer com que os pedaços sejam liberados.

O cão deve girar o disco para chegar aos petiscos escondidos.

JOGOS DE TABULEIRO
Alguns jogos mais complexos vêm sendo desenvolvidos para alegria dos cães. Eles variam desde tabuleiros em que seu cão precisa bater com a pata para fazer deslizar partes que abrem compartimentos, ou girar um disco, até aqueles em que ele precisa aprender a remover blocos para abrir os compartimentos. Com certeza existe uma versão que agradará seu cachorro.

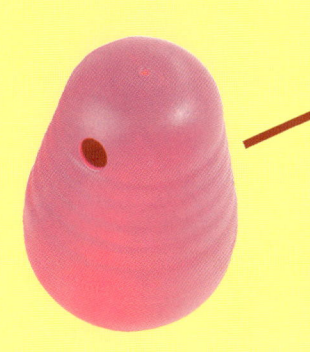

Pirâmide canina

A abertura no topo deste brinquedo de plástico em formato de pirâmide permite que os petiscos sejam liberados quando ele é derrubado. A base mais pesada faz com que o brinquedo volte a ficar de pé depois de derrubado, de maneira que seu cão terá de derrubá-lo novamente para tirar mais alimento.

Osso de plástico *Buster Bone*

Este brinquedo-comedouro plástico em formato de osso tem uma abertura em uma das extremidades, por onde os petiscos podem ser liberados. Os instintos de seu cachorro farão com que ele segure o osso e cheire sua abertura. No entanto, ele precisa, na verdade, virar o osso de ponta-cabeça para que o alimento saia, o que desperta maior interesse e o mantém ocupado por mais tempo.

Cubo-comedouro *Buster Cube*

Esta é uma versão cúbica da Bola-Comedouro. Cavidades internas retardam a liberação de petiscos enquanto seu cão rola o cubo pelo chão. É encontrado em diversos tamanhos para se adequar a diferentes cães. Também é possível aumentar a dificuldade para desafiar cães mais avançados. Versões pequenas podem ficar presas na mandíbula de cachorros grandes, portanto opte pela versão maior, caso esteja em dúvida.

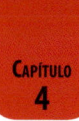

Brinquedos caseiros para espantar o tédio

Se você for criativo, é possível fazer suas próprias versões de alguns dos brinquedos de passatempo, embora aqueles oferecidos no mercado sejam resistentes e tenham sido testados com relação a sua segurança e toxicidade. Eles costumam ser opções bastante econômicas.

Garrafas plásticas

Se seu cão não for assim tão destrutivo, você pode ter bons resultados com garrafas plásticas ou caixas de leite vazias recheadas com pedaços de ração seca, as quais podem ser deixadas no chão para que seu cachorro as role e pule sobre elas. A tampa deve ser retirada para não haver risco de seu cão engoli-la e para permitir que o alimento seja liberado aos poucos. Se ela for mastigada e rachar, tome cuidado com bordas afiadas que possam cortar a boca de seu cachorro, e observe se ele não está arrancando e engolindo pequenos pedaços do plástico. A garrafa deve ser substituída regularmente.

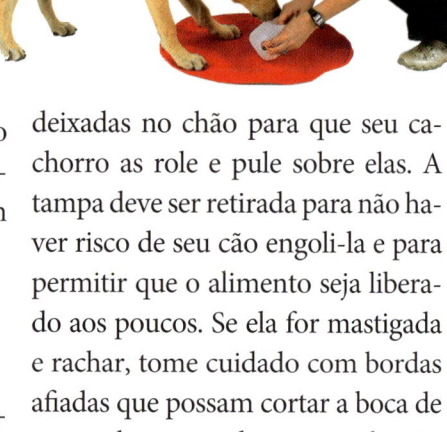

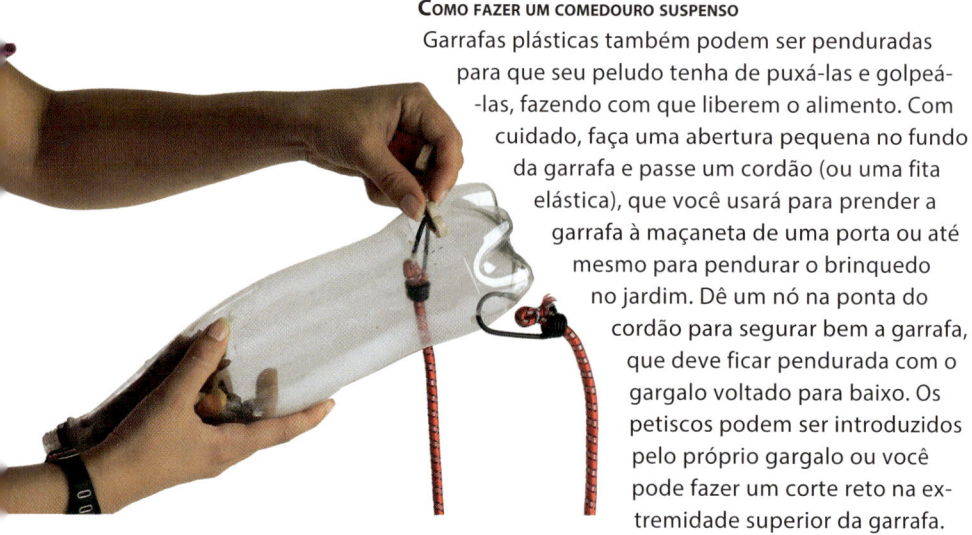

Como fazer um comedouro suspenso

Garrafas plásticas também podem ser penduradas para que seu peludo tenha de puxá-las e golpeá-las, fazendo com que liberem o alimento. Com cuidado, faça uma abertura pequena no fundo da garrafa e passe um cordão (ou uma fita elástica), que você usará para prender a garrafa à maçaneta de uma porta ou até mesmo para pendurar o brinquedo no jardim. Dê um nó na ponta do cordão para segurar bem a garrafa, que deve ficar pendurada com o gargalo voltado para baixo. Os petiscos podem ser introduzidos pelo próprio gargalo ou você pode fazer um corte reto na extremidade superior da garrafa.

Hora de brincar

A escolha dos petiscos utilizados neste brinquedo suspenso precisa ser cuidadosa ou a brincadeira acabará em um instante. Separe biscoitos em formato de osso que sejam mais longos e pedaços de ração maiores que não caiam ao primeiro balançar da garrafa. Se você tiver um cão pequeno ou quiser utilizar petiscos menores, também pode introduzir papel amassado na garrafa para retardar a liberação dos petiscos.

Brinquedo-comedouro de retalho

Cães pequenos geralmente adoram brinquedos macios de retalho para morder e sacudir. Tais brinquedos podem ser confeccionados com facilidade em casa, tornando-se muito interessantes se colocarmos petiscos em meio à trama dos tecidos. Faça uma trança com tiras de um lençol ou pano de prato velho, embrulhando petiscos lá dentro. Seu cão poderá, então, mordê-lo e agitá-lo com violência. Cuidado para seu cachorro não engolir pedaços do tecido.

1. Este brinquedo é uma ótima opção para donos que precisam substituir regularmente brinquedos de pano que seus cães rasgam com mordidas durante seus estágios de dentição. Comece cortando um pano de prato que você não usa mais em tiras longas.

2. Pegue três tiras longas do tecido e amarre-as juntas em uma extremidade, dando um nó bem forte.

3. Comece a trançar as tiras, passando-as uma acima e outra abaixo, alternadamente. Petiscos também podem ser incluídos aqui.

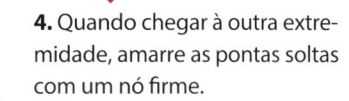

4. Quando chegar à outra extremidade, amarre as pontas soltas com um nó firme.

5. O brinquedo pronto, com muitos petiscos tentadores escondidos dentro das tiras trançadas.

Agora vamos nos divertir

Você pode começar a brincadeira balançando o brinquedo no chão ou incentivando seu cachorro a pegá-lo com a boca. Elogie-o quando começar a brincar.

Este brinquedo também serve para estimular cães a demonstrar algum interesse em brincar com brinquedos de pano convencionais, caso você esteja tentando ensiná-lo algumas habilidades simples para brincar. Escolha um nome para este brinquedo, tal como "Trapinho", para utilizá-lo mais tarde, em suas brincadeiras com palavras.

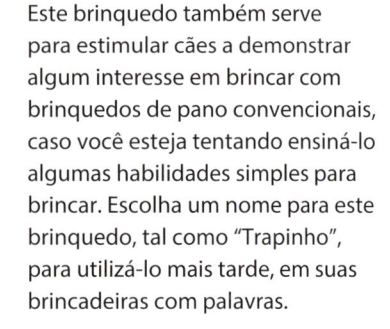

Procura!

Uma brincadeira de esconder as coisas incentivará seu cão a usar seu faro como fonte de estímulo e distração. Embora cães de caça demonstrem um desempenho especialmente bom nesta brincadeira, todas as demais raças conseguirão aprendê-la e curti-la de alguma forma.

Brincadeira Interativa
O cão e o dono

Local
Qualquer local com lugares seguros para esconder objetos.

Nível de dificuldade
☆☆☆ Difícil

Acessórios
Alguns petiscos secos, um brinquedo. Um ajudante pode ser útil durante as etapas iniciais.

1. Alguém precisa segurar seu cão com delicadeza pela coleira ou guia enquanto você mostra a ele seu petisco favorito (ou brinquedo, se preferir). Fique à vista de seu cão enquanto coloca o petisco embaixo de algo que possa ser facilmente retirado do lugar, como uma almofada.

Dica Evite petiscos de odor muito forte, pois eles deixarão cheiro nos lugares onde forem escondidos. Isso pode incentivar seu cão a vasculhar suas coisas quando ele quiser, no futuro, o que pode ser perigoso.

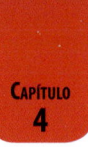

2. Seu ajudante deve, então, soltar seu cachorro, deixando-o correr para pegar o petisco. Caso você não disponha de um ajudante, tente colocar seu peludo atrás de um portão para cães ou amarrar sua guia a algo firme que o mantenha no lugar, mas ainda podendo ver você.

3. Ele provavelmente usará o focinho ou a pata para afastar o objeto que esconde o petisco. Diga "Procura" assim que ele encontrar o petisco. Para alguns cães mais avançados, que já conhecem o comando "Fica" e o obedecem bem, utilize-o para mantê-los parados no lugar caso você não possa pedir a assistência de um ajudante.

Desenvolva a habilidade

Continue com essa prática, escondendo petiscos atrás de cadeiras ou em outros locais seguros dentro do cômodo. Só passe para lugares mais difíceis quando ele conseguir encontrar os petiscos facilmente neste estágio.

Zigue-zague entre as pernas

Ensinar seu cão a andar em zigue-zague contornando suas pernas é uma brincadeira divertida que pode deixar vocês dois um pouco confusos no início. O objetivo desta brincadeira é fazer com que seu cão ande em zigue-zague em volta de suas pernas desenhando um oito. Os movimentos das mãos podem ser um pouco difíceis de acompanhar no começo, mas, em pouco tempo, seu cão estará fazendo zigue-zagues com desenvoltura, contornando suas pernas.

	Brincadeira Interativa **O cão e o dono**
Local	Qualquer lugar em que você possa ficar de pé enquanto seu cão se movimenta à sua volta.
Nível de dificuldade	☆ Fácil
Acessórios	Petiscos (e uma vareta ou outra pessoa para fazer a versão estendida da brincadeira).

1. Fique de pé, com as pernas separadas. Segure um petisco em cada mão. Induza seu cão a passar por entre suas pernas, da frente para trás, usando o petisco que está em sua mão direita. Conforme seu cachorro segue sua mão para passar por entre suas pernas, você deve induzi-lo a circular sua perna direita pelo lado de fora, até voltar para a frente. Neste momento, você pode dar o petisco. Continue o zigue-zague, levando sua mão esquerda para trás de sua perna esquerda e induza seu cãozinho a ir para trás de você, passando por entre suas pernas, e fazer a volta por fora para chegar à frente outra vez, completando, assim, a figura de um oito. Dê o petisco quando ele completar o movimento.

Capítulo 4

2. Suas palavras de comando podem ser "Pelo Meio" ou "Zigue-Zague" e devem ser apresentadas quando seu cão estiver caminhando à vontade por entre suas pernas. Lembre-se de elogiar seu peludo para manter a brincadeira divertida. Com a prática, você conseguirá apontar e dizer a seu cachorro que faça o "Zigue-Zague" sem precisar ter alimentos nas mãos. No começo, procure não pedir zigue-zagues demais sem recompensar seu cão, pois ele poderá se cansar da brincadeira.

A VERSÃO ESTENDIDA

Depois de ter ensinado o zigue-zague básico por entre as pernas, você pode estendê-lo, incluindo uma vareta ou até mesmo outra pessoa. Isso é mais difícil, uma vez que você não estará com as duas mãos livres para sinalizar o zigue-zague a seu cão (a menos que você disponha de um objeto que pare em pé sozinho, em torno do qual fazer o zigue-zague). Se você tem um amigo que o possa ajudar, peça que ele fique em pé ao seu lado, como em uma fila, com as pernas separadas. Esta brincadeira exige trabalho em equipe e uma boa sincronia da parte de ambos os treinadores.

O zigue-zague pode ser tão longo quanto você quiser, de modo que ninguém da família precisa ficar de fora!

Salto

Você pode começar a fazer esta brincadeira quando seu cão já estiver fisicamente amadurecido e tiver um bom condicionamento físico para saltar. Ela pode ser transferida para um local ao ar livre e tornar-se parte de sua própria pista de obstáculos (veja o capítulo 6) ou talvez você se interesse em participar de um grupo de *Agility* (veja o capítulo 16).

> **Brincadeira Interativa**
> **O cão e o dono**
>
> **Local**: Um cômodo com um espaço vazio ou uma passagem sem porta.
>
> **Nível de dificuldade**: ☆ Fácil
>
> **Acessórios**: Petiscos, algo sobre que pular, como um cabo de vassoura, um bastão de plástico, uma vara de bambu ou uma bengala. Blocos ou cones para sustentar o bastão em alturas adequadas.

Salto

1. Comece colocando o bastão no chão. Você deve deixar um espaço para que seu cão se aproxime do bastão. Faça a brincadeira em uma superfície adequada para o salto e a volta ao solo.

2. Incentive seu cachorro a passar por cima do bastão para ver se ele fica à vontade perto deste novo equipamento. Uma vez familiarizado, você pode começar a elevar o bastão, aos poucos, tirando-o do piso. No início, segure o bastão a apenas uns 2,5 centímetros do chão. Instigue seu peludo a pular o bastão e elogie-o por fazê-lo direitinho. Repita o "salto" nesta altura até que seu cão pareça bem à vontade. Sempre que ele passar por cima do bastão, diga a palavra de comando "Salte" ou "Pule". Recompense seu cachorro cada vez que ele saltar corretamente.

3. Você pode ir elevando o bastão à medida que aumenta a confiança de seu cachorro. A altura a que você elevará a barra dependerá do tamanho e da aptidão física de seu cão. Tenha bom senso ao determinar a altura que pede para ele saltar.

> **Dica** Pode ser mais fácil apoiar seu bastão sobre livros ou cadeiras, para que suas mãos fiquem livres durante o adestramento. Para fins de segurança, veja sempre se o bastão pode ser facilmente derrubado caso seu cão esbarre ou bata nele por acidente.

Dança do limbo

Tendo ainda em mãos seu bastão para saltos, você pode ensinar a seu cão outra brincadeira que usa esse mesmo equipamento. É uma boa ideia ensinar um comando por vez para que ele tenha plena compreensão de cada um deles, em vez de arriscar-se a confundi-lo com uma atividade diferente.

☆☆ **Nível Médio de dificuldade.**

Dança do limbo

1. Desta vez, comece segurando o bastão a uma boa altura. Incentive seu cão a passar por baixo dele, seja atiçando-o com um petisco, seja fazendo rolar um brinquedo por baixo do bastão. Recompense com o petisco ou deixe-o pegar o brinquedo que você rolou por baixo do bastão, se ele o preferir. Repita e apresente suas palavras de comando "Por baixo".

2. Aos pouquinhos, vá baixando o bastão, até que possa apoiá-lo nos suportes. Continue a prática, incentivando seu cão a passar por baixo do bastão da mesma forma. Repita até que seu cachorro se sinta à vontade em cada nível.

3. Comece a dizer suas palavras de comando assim que ele baixar a cabeça para passar por baixo do bastão. À medida que seu cão progride, ele terá um melhor desempenho e conseguirá descer cada vez mais, até rastejar por baixo do bastão, sem derrubá-lo dos suportes.

Limbo para cães mais intrépidos

1. Se você quiser deixar esta brincadeira um pouco mais instigante, amarre fitas ou tiras de tecido no bastão. Um cachorro precisa de confiança para abrir caminho por elas. Comece com apenas algumas tiras bem espaçadas segurando o bastão a uma altura suficiente para que seu cão consiga caminhar por baixo dele.

2. Quando seu cão se sentir confiante ao passar por baixo do bastão, você pode amarrar outra fita. Continue acrescentando fitas até que seu peludo consiga abrir caminho por elas, arrastando-se de bom grado.

> **Dica** Se você disser a seu cão para que passe "Por Baixo" e ele passar por cima ou vice-versa, você não deve recompensá-lo. Tente uma vez mais, facilitando um pouco a atividade para que ele a execute corretamente e dê uma boa recompensa quando acertar.

Disparada ao som da campainha

Muitos cães ficam agitados quando ouvem a campainha, pois associam seu barulho à chegada de visitas. Eles costumam sair correndo e latindo, ficam contornando seus pés e, então, pulam sobre os convidados assim que eles entram em sua casa.

	Brincadeira Interativa
	O cão e o dono
Local	Dentro de casa.
Nível de dificuldade	☆☆☆☆ **Avançado.** Você vai precisar usar o comando "Sentado".
Acessórios	Campainha (ou batidas na porta), um ajudante, petiscos, um brinquedo de passatempo previamente recheado.

Esta brincadeira ensina os cães a reagir de maneira diferente, mais fácil de controlar, quando ouvem a campainha: eles aprendem a ir para um lugar específico para ganhar recompensas. Embora ela possa ajudar no trato com cães indisciplinados, se seu cachorro for agressivo com outras pessoas, então você deve impedir que ele chegue a seus convidados quando eles entrarem em sua casa.

Comece decidindo para onde você gostaria que seu cão fosse quando a campainha tocar:

Cães Amistosos

Se seu cão for bastante amistoso e apenas precisa aprender boas maneiras, talvez você goste da ideia de ele recepcionar seus convidados logo à porta. O local escolhido costuma ser ao pé da escada ou uma área em que ele não fique no caminho quando a porta se abrir e as visitas entrarem.

Cães Inamistosos

Caso seu cão nem sempre seja amistoso ou haja o risco de que ele escape quando a porta se abrir, você pode optar por ensiná-lo a correr para outro cômodo. Com isso, não precisará mais arrastá-lo até lá quando a campainha tocar.

Se você praticar bastante as etapas citadas (**1-4**), seu cachorro associará o som da campainha ao novo comportamento que ele aprendeu, sabendo que isso lhe renderá recompensas. Desse modo, ele reagirá da maneira correta ao ouvir a campainha no futuro.

O próximo passo é começar a abrir a porta sem que haja alguém do outro lado. Ensine-o a permanecer no lugar enquanto

Capítulo 4

você abre a porta, um pouco por vez. Se ele permanecer no lugar, recompense-o. Aumente gradativamente a abertura da porta antes de recompensá-lo.

Caso você tenha medo de que ele comece a correr e acabe saindo pela porta, você pode usar uma guia de treinamento temporária para impedir que isso ocorra. Quando ele for para o local certo, passe a ponta da guia pelo corrimão da escada e dê um nó ou apenas a segure nas mãos.

1. Primeiro, ensine seu cão a ir ao local escolhido e sentar ali.

2. Isso pode ser feito com mais facilidade se você decidir fixar a atenção de seu cachorro em um tapetinho para funcionar como lembrete visual. Seu comando pode ser algo como "Já para o seu tapete".

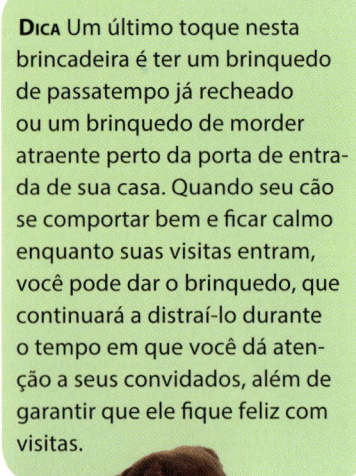

Dica Um último toque nesta brincadeira é ter um brinquedo de passatempo já recheado ou um brinquedo de morder atraente perto da porta de entrada de sua casa. Quando seu cão se comportar bem e ficar calmo enquanto suas visitas entram, você pode dar o brinquedo, que continuará a distraí-lo durante o tempo em que você dá atenção a seus convidados, além de garantir que ele fique feliz com visitas.

3. Lembre-se de recompensá-lo por ir ao local correto. Quando ele estiver fazendo isso bem, você pode introduzir o sinal do som da campainha.

4. Ao tocar a campainha pela primeira vez, é provável que seu cão saia correndo em direção à porta. Mantenha a calma e espere que ele volte a atenção para você. Incentive-o a voltar para seu tapetinho. Quando ele responder corretamente, dê uma boa recompensa.

INTRODUZA ALGUÉM NA BRINCADEIRA
Por fim, faça a prática com outra pessoa atrás da porta. No início, a pessoa deve entrar em silêncio e caminhar com calma, ignorando seu cão. Você pode recompensá-lo assim que a pessoa passar. Prefira praticar com amigos próximos e pessoas da família, que entenderão o que você está tentando ensinar. Evite tentar incluir no treino um entregador apressado, por exemplo, já que ele provavelmente não terá tempo de ajudá-lo.

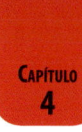

Cadê minhas chaves?

Todos nós já tivemos de sair à procura de nossas chaves em algum momento e alguns de nós já passamos pela situação terrível de perceber que as derrubamos enquanto caminhávamos pela rua. Aumente suas chances de encontrá-las mais rápido ensinando seu cão a ajudá-lo a procurá-las. Alguns cães terão um instinto mais aguçado do que outros para esta brincadeira, mas faça o teste e veja quanto você pode progredir com seu cão.

Antes de tudo, você deve certificar-se de que seu cão consiga encontrar e pegar suas chaves facilmente. Isso ficará mais fácil se você prender um objeto macio a seu chaveiro, o que pode ser um brinquedo macio, um lenço ou até mesmo um simples pingente grande de couro, para chaveiros. Seu cão terá mais facilidade de identificar e pegar esses objetos do que apenas um molho de chaves de metal.

Brincadeira Interativa
O cão e o dono

Local
Primeiro, em sua casa e, depois, durante caminhadas com cães mais avançados.

Nível de dificuldade
☆☆☆ Difícil.
Ensine as brincadeiras "Procura" e "Busca" primeiro.

Acessórios
Chaves, chaveiro, brinquedo macio ou lenço.

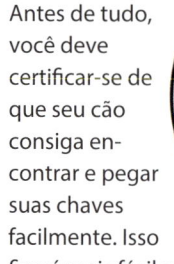

Agora acrescente o comando "procura":
A brincadeira seguinte com as chaves é "Procura as chaves". Ainda que seu cachorro seja excelente nesta brincadeira, você deve começar a partir de um nível fácil e apresentar o conceito de "Procura as chaves". É possível que ele entenda a brincadeira bem depressa, o que lhe permitirá avançar, escondendo discretamente suas chaves e, passados alguns minutos, pedindo: "Procura as chaves". Deixe-as com outros objetos para ele realmente ter de optar por elas em vez das outras coisas. Se ele cometer um erro, não o repreenda – apenas incentive-o a continuar procurando pelas chaves. Recompense a escolha correta.

Pratique enquanto caminha e depois sem o comando "procura"

Pratique derrubar suas chaves "acidentalmente" enquanto estiver passeando com seu peludo. Quando as chaves tocarem o chão, incentive-o a pegá-las e entregá-las a você. Lembre-se de elogiá-lo e oferecer um petisco ou deixar que ele brinque com seu próprio brinquedo como recompensa.

O teste final é derrubar suas chaves e não pedir que seu cão as pegue e leve até você, para ver qual será sua reação. Se ele as pegar e devolvê-las a você, cuide de recompensá-lo com um grande prêmio para mostrar que esta é uma das melhores brincadeiras de todas. Isso o encorajará a ficar atento, caso você realmente derrube suas chaves.

Dica Lembre-se de que, se você é um pouco desorganizado e costuma deixar suas chaves em qualquer lugar, você deve estar preparado para elogiar e recompensar seu cão por "encontrá-las" e devolvê-las a você, mesmo que você não as tenha perdido de fato. Caso você o ignore ou o repreenda, ele não se dará ao trabalho de ajudá-lo de uma próxima vez, quando você estiver realmente procurando por elas.

A busca inicial

1. Para começar, faça a brincadeira "Busca" com as chaves. Chame a atenção de seu cachorro balançando e movimentando as chaves pelo chão e elogiando-o muito ao demonstrar interesse em pegá-las. Quando ele pegar as chaves, diga "Chaves!" e, em seguida, ao levá-las até você, diga-lhe que ele é um bom garoto.

2. Fazer com que seu cão fique entusiasmado neste estágio é importante para ele desenvolver uma forte motivação de encontrar as chaves depois. É provável que ele saia brincando com as chaves no início, por isso retire quaisquer pingentes frágeis do chaveiro e veja se o molho de chaves não pode ser engolido por acidente.

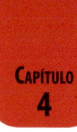

O FAXINEIRO CANINO

A maioria das pessoas sonha com um pouco de ajuda em casa. Embora não possamos fugir às tarefas de passar o aspirador de pó e espanar os móveis, seu cão talvez consiga ajudá-lo colocando o lixo dentro do cesto.

Depois de conseguir ensinar bem seu cão a pegar e devolver as coisas, você pode dar início a esta brincadeira. Você vai precisar selecionar objetos que seu cão curta pegar. Porém, embalagens de alimentos não são recomendáveis, pois é provável que ele se distraia e vá embora com elas para lambê-las ou mastigá-las. Garrafas plásticas ou latas de bebida vazias são mais seguras, embora você deva ter sempre o cuidado de verificar se elas não têm quaisquer bordas cortantes. Dedique algum tempo até ter certeza de que seu cão fique à vontade ao pegar os objetos que vão para o lixo.

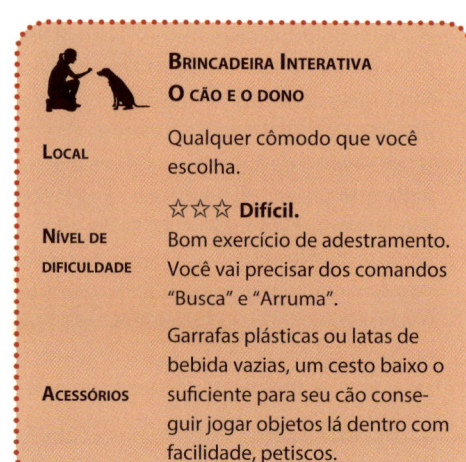

	Brincadeira Interativa
	O cão e o dono
Local	Qualquer cômodo que você escolha.
Nível de dificuldade	☆☆☆ **Difícil.** Bom exercício de adestramento. Você vai precisar dos comandos "Busca" e "Arruma".
Acessórios	Garrafas plásticas ou latas de bebida vazias, um cesto baixo o suficiente para seu cão conseguir jogar objetos lá dentro com facilidade, petiscos.

No lixo, por favor

1. Coloque no chão, diante do cesto de lixo, alguns objetos que devem ser descartados. Sente-se no chão ou em uma cadeira, com o cesto à sua frente. Peça a seu cachorro que pegue e lhe entregue um objeto.

2. Com um tom de voz animado e estendendo a mão, incentive seu peludo a aproximar-se do cesto e entregar-lhe o objeto. No início, pode ser que ele o derrube do outro lado, mas não se preocupe, uma vez que você pode moldar esse comportamento ao longo das sessões seguintes. Continue praticando e encorajando-o a devolver o objeto diretamente a você.

3. Seu objetivo é ensiná-lo a aproximar-se de modo que fique com a cabeça acima do cesto de lixo antes de você pegar o objeto que ele traz. Elogie e dê a recompensa.

4. No estágio seguinte, você deve pedir que ele "Solte" ou "Largue" o objeto quando estiver com a cabeça logo acima do cesto. O lixo deve cair dentro do cesto. Você pode elogiar seu cão e dar grandes recompensas por isso.

Continue praticando
Continue a prática até ele conseguir se aproximar tranquilamente do cesto e soltar o objeto dentro dele (acima). Você pode começar a introduzir um comando verbal para esta brincadeira, como "Joga no lixo". Diga o comando assim que seu cachorro soltar o objeto dentro do cesto e, depois, quando ele tiver feito a associação, você pode dar o comando cada vez mais cedo durante a brincadeira, até que, por fim, seja suficiente que você apenas aponte para o lixo no chão e diga "Joga no lixo".

Dica Alguns cães tentarão pular no cesto e talvez o derrubem. Escolha um cesto diferente, que seu cão não precise pular para alcançar, ou coloque um peso no fundo do cesto para diminuir o risco de virar sobre seu cachorro.

Capítulo 4

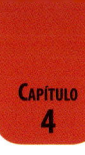

Arrume os brinquedos

Esta brincadeira também pode ser adaptada para ensinar seu cão a guardar seus próprios brinquedos. Ensine-o a pegar seus brinquedos e colocá-los em uma caixa. Caso seu cachorro se distraia com o brinquedo que estiver pegando, mantenha a calma. Não tente correr atrás dele, pois isso trará mais problemas. Espere até passar o entusiasmo inicial e peça-lhe para pegá-lo novamente. Se ele continuar muito agitado, você deve recomeçar a brincadeira mais tarde. Deixe o primeiro brinquedo de lado e escolha outro para ele devolver a você. Use recompensas bastante tentadoras. À medida que o desempenho de seu cão melhora, ele pode tentar novamente com os brinquedos mais interessantes.

Brinquedos na caixa, por favor

1. Comece praticando a brincadeira de buscar e devolver no cômodo em que você ensinará o comando "Arrume os Brinquedos". Coloque a caixa de brinquedos diante de você. Jogue o brinquedo e mantenha as mãos espalmadas acima da caixa, para que ele solte o brinquedo sobre elas. Elogie seu cão por trazer o brinquedo quando solicitado.

É isso aí, bom garoto! Elogie seu cão quando ele soltar o brinquedo.

2. Repita a brincadeira de buscar, mas, desta vez, retire suas mãos, de forma que o brinquedo caia dentro da caixa. Repita até que o brinquedo seja sempre colocado dentro da caixa. Aos poucos, recue suas mãos para que seu peludo se aproxime da caixa e não delas.

Capítulo 5

Brincadeiras para Áreas Pequenas

Alguns donos se preocupam por sua casa não ter espaço suficiente para que seu cão brinque. Na realidade, isso não é problema, visto que são muitas as brincadeiras incríveis que não exigem equipamentos especiais, mas apenas comportamentos mais dirigidos. As brincadeiras descritas neste capítulo também podem ser feitas em áreas maiores. Você também pode consultar o capítulo 8 sobre Brincadeiras Verbais para encontrar alguns desafios adicionais.

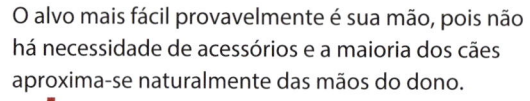

Toque de focinho
O alvo mais fácil provavelmente é sua mão, pois não há necessidade de acessórios e a maioria dos cães aproxima-se naturalmente das mãos do dono.

O toque de focinho é fácil de ensinar. Comece segurando um petisco em sua mão fechada. Estenda-a e deixe que seu cão se aproxime.

Assim que o focinho dele tocar sua mão, elogie e entregue o petisco (se você estiver usando um *clicker*, clique quando ele tocar sua mão). Repita mais algumas vezes. Quando seu cachorro estiver tocando sua mão com bastante facilidade, você pode introduzir o comando verbal "Toca".

Apontar e tocar

Ensinar seu cão a apontar ou "tocar" um objeto específico facilita muitas outras brincadeiras e atividades de adestramento. Treinadores que adotam o *clicker* usam muito esta habilidade, mas, ainda que você não esteja usando um *clicker*, poderá alcançar os mesmos resultados desde que a sincronia de seus elogios e recompensas seja precisa. Seu cão pode valer-se de diversas partes do corpo para apontar e tocar o objeto que você escolher. Você pode ensiná-lo a usar qualquer parte do corpo, porém o mais comum é focarmos no focinho, patas, flanco, queixo ou testa. Quando você começar, recomendo que se atenha a um único tipo de toque por vez, para não confundir seu bichinho.

Brincadeira Interativa
O cão e o dono

Local — Qualquer cômodo onde seu cão se sentir à vontade.

Nível de dificuldade — ☆ a ☆☆☆☆ Fácil a difícil.

Acessórios — Cartão ou *post-it* para criar o marcador do alvo, petiscos.

Dica Continue praticando até que você possa manter sua mão em posições diferentes – esquerda, direita, na frente, atrás, erguida e bem abaixada. Seu cão começará a associar a palavra "Toca" à ação.

Pratique pedir para seu cachorro "tocar" sua mão quando você estiver em locais diferentes com distrações variadas à sua volta.

Tocar uma mão vazia

O próximo estágio é estender sua mão sem estar segurando um petisco. Seu cão aprendeu a esperar uma recompensa, então ele provavelmente irá até você e tocará sua mão com o focinho. No instante em que o focinho dele tocar sua mão, diga "Toca, bom garoto!", clique, caso esteja utilizando um *clicker*, e dê um petisco com a outra mão.

Mantenha o foco

Se ele tentar tocar sua mão sem que você tenha pedido, ignore. Depois, quando estiver experimentando outras brincadeiras que envolvam toque e estiver há muito tempo sem praticá-lo, você deve repetir alguns toques fáceis na mão para que seu cachorro se lembre do que você está esperando que ele faça.

Tocar marcadores

Depois de seu cachorro conseguir tocar sua mão da forma correta, tente redirecionar a atenção dele a um marcador posicionado distante de sua mão. Um marcador fácil de usar é um *post-it* adesivo, enquanto um cartão mais firme pode fazer as vezes de um marcador mais resistente. Basicamente, você visa transferir a resposta do toque de focinho para outro objeto físico, que pode ser colocado em diversos lugares ao redor da área de adestramento.

> **Brincadeira Interativa**
> **O cão e o dono**
>
> **Local** — Qualquer cômodo onde seu cão se sentir à vontade.
>
> **Nível de dificuldade** — ☆ a ☆☆☆☆ Fácil a difícil.
>
> **Acessórios** — Cartão ou *post-it* para criar o marcador, petiscos.

Marcador com *post-it*

1. Você pode escolher entre segurar o marcador em sua mão ou grudá-lo nela, usando a extremidade adesiva do *post-it* ou uma fita adesiva de dupla face. Estenda sua mão, como na brincadeira de tocar, mas use outro comando verbal, pois esta é uma atividade diferente.

2. Escolha uma palavra de comando, tal como "Focinho", para servir de sinal para esta brincadeira quando chegar o momento de apresentá-la. A principal diferença é que, agora, seu cão estará, na verdade, tocando o marcador em vez de sua mão. Quando ele o tocar, recompense de imediato.

Capítulo 5

Continue praticando

Prossiga com a prática para que seu peludo se sinta totalmente à vontade tocando o marcador. Seja muito preciso e o elogie somente se seu focinho estiver de fato tocando o marcador. Então, você poderá introduzir a palavra de comando durante a prática. Para passar à palavra de comando da nova atividade, diga o comando novo seguido imediatamente do antigo. Para esta brincadeira, você começaria dizendo "Focinho – Toca". Diga esta combinação de palavras em cada repetição da prática, até que seu cachorro consiga prever a ação quando ouvir a primeira palavra, "Focinho".

Aplicações práticas

Seu cachorro pode usar o focinho para muitas brincadeiras, como "Feche a porta", ou até mesmo para acender lâmpadas, apertando interruptores. Seja criativo e você provavelmente encontrará muitas coisas que seu cão pode fazer com esta lição.

Transfira o marcador

Seu próximo passo será transferir o marcador para outra superfície vertical. Segure-o com os dedos e incentive seu cão a tocá-lo com o focinho. Aos poucos, mude a posição do marcador, fixando-o em uma parede, porta ou outra superfície vertical que fique distante de sua mão, tal como o cone de percurso de *Agility* da fotografia.

☆☆☆ **Difícil. Bom exercício de adestramento.**

Marcadores Horizontais

1. Para trabalhar com marcadores horizontais, você deve segurar o marcador e abaixar sua mão aos poucos, até grudá-lo no chão. Retire sua mão nas sessões seguintes para seu cachorro se concentrar só no marcador.

2. Este cão está tocando com o focinho o marcador tipo *post-it* que está no chão em vez de tocar a mão da dona. Aprimore a habilidade de seu peludo afastando-o do marcador. Espere até ele começar a tentar voltar para onde está o marcador e, então, solte-o, dizendo-lhe para tocar com o focinho.

Marcadores Verticais

1. Sempre que seu cão tocar o marcador, diga "Focinho!" e "Muito bem" ou clique, elogiando e o recompensando em seguida.

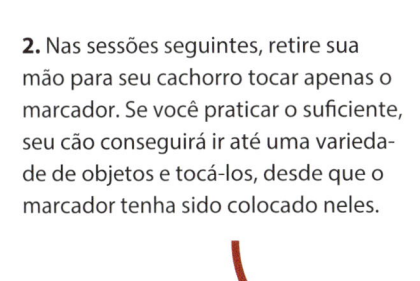

2. Nas sessões seguintes, retire sua mão para seu cachorro tocar apenas o marcador. Se você praticar o suficiente, seu cão conseguirá ir até uma variedade de objetos e tocá-los, desde que o marcador tenha sido colocado neles.

Aplicações práticas

Ensinar seu cachorro a tocar sua mão facilita seu trabalho ao ensinar-lhe muitas outras atividades, como a dança canina, e inclusive a mantê-lo junto de seus pés. Da próxima vez que você assistir a uma apresentação profissional, tente identificar em que o cão foi ensinado a "tocar".

Este cachorro toca a mão de sua dona com perfeição. Essa habilidade é importante para disciplinas competitivas, como manter o cão junto dos pés.

Toque de patinha

Alguns cães têm mais propensão do que outros a usar as patas, o que fará com que aprendam muito depressa o toque de patinha. Você precisará de um novo marcador, para seu cão não ficar confuso. Use algo resistente o bastante para suportar o peso de seu cachorro ou as batidas de sua pata. Tampas de plástico são muito usadas, bem como pedaços de tapete ou outro material. Coloque seu novo marcador no chão. No início, você deve recompensar seu cachorro por ir investigá-lo, principalmente se o tocar com a pata. É mais provável que alguns cães usem as patas caso você esconda um pedacinho de alimento embaixo do marcador. Se você fizer isso, terá de ficar atento para clicar e/ou elogiá-lo no instante em que ele tocar o marcador com a pata para não insistir em tentar virá-lo.

Como ensinar o toque de patinha
Neste treino, proceda da mesma maneira como no toque de focinho e, quando seu cão estiver bastante acostumado a sair e tocar o marcador com a pata, introduza o comando verbal escolhido: "Pisa" ou, talvez, "Patinha".

Mais alto
Você também pode ensinar seu cachorro a tocar com a pata em um objeto elevado ou uma superfície vertical.

Feche a porta

Grude o marcador de seu cão (**1**) do lado de dentro da porta fechada (**2**). Faça com que ele vá ao marcador e o toque, certificando-se de elogiá-lo no instante exato em que ele tocar a porta.

	Brincadeira Interativa **O cão e o dono**
Local	Dentro de casa.
Nível de dificuldade	☆☆☆ **Difícil.** É necessário que o cão já tenha aprendido bem a tocar um marcador vertical.
Acessórios	Porta interna (que possa ser fechada com um empurrão), marcador, fita adesiva para grudar o marcador na porta, petiscos.

Abra um pouco a porta na etapa seguinte para seu cão se acostumar a se aproximar da porta com o marcador em um ângulo diferente. A porta não deve se mover para não deixar seu cãozinho confuso. Para isso, coloque um peso de porta atrás dela. Pratique fazer com que seu cachorro vá até a porta, aberta em ângulos diferentes, e toque o marcador.

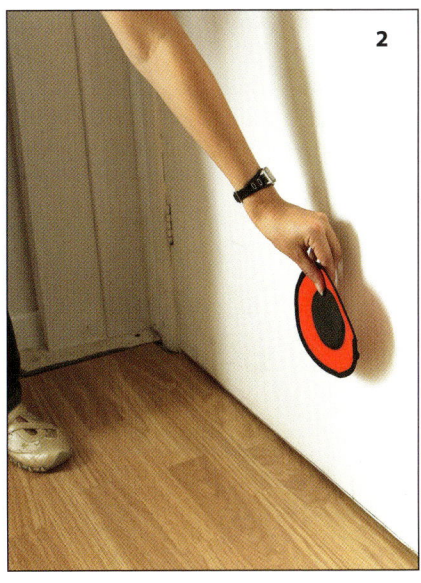

Agora, você está pronto para apresentar seu novo comando verbal. Seu comando para tocar o marcador era "Patinha", então, no início, ele terá de fazer parte de seu novo comando "Porta" ou "Feche". Se você escolher uma palavra cujo som é muito semelhante ao do comando original (como "Portinha"), a transição pode ser bem fácil, embora seu comando venha a soar um tanto engraçado no início. Comece dizendo ambas as palavras juntas, "Portinha- -Patinha!", para que seu cachorro preste atenção à primeira palavra que você disser. Por fim, você conseguirá dizer apenas "Portinha" e ele saberá o que isso quer dizer.

Quando você perceber que seu cão está confiante ao empurrar o marcador, você pode começar a incentivá-lo a realmente fechar a porta (**3**). Retire o peso e comece deixando a porta apenas alguns centímetros aberta, de modo que ele tenha de empurrar somente um pouquinho para alcançar sua meta. Desenvolva lentamente essa habilidade de fechar a porta e sempre faça com que a experiência seja gratificante para ele.

> **Dica** Quando seu cão estiver tocando o marcador com facilidade, você pode começar a reduzir seu tamanho. Diminua gradativamente o marcador, cortando-o aos poucos, e pratique cada estágio da brincadeira. Ao final, você pode ficar somente com um pequeno ponto ou até mesmo retirar o marcador.

AGILITY EM LUGARES FECHADOS

Cães sem muito acesso a um espaço próprio ao ar livre podem, mesmo assim, curtir um pouco da diversão de uma corrida de obstáculos. É claro que você precisará se preparar para encarar um cão animadíssimo em casa. Contudo, uma corrida de *agility* dentro de casa tem mais que ver com precisão e controle do que com sair em disparada pelo lugar; portanto, pode servir de distração a um cão extremamente ativo por natureza.

Pense em seu espaço e no que seu cão pode aprender a fazer ali. Sua escolha será influenciada pelo tipo de cão que você tem.

Analise o desenho de seu cômodo. Crie um percurso funcional para a corrida de obstáculos de seu cachorro. Lembre-se de que ele precisará de espaço para saltar e que o percurso não deve levá-lo para perto de objetos frágeis.

Ensine cada parte do percurso em separado. Escolha dois elementos que ficarão naturalmente em sequência e comece a praticá-los juntos. Como seu cachorro já conhece cada parte, isso não levará muito tempo. Guarde as recompensas para quando ele tiver completado as duas partes com êxito. Aos poucos, acrescente mais obstáculos e pratique até que seu cão se sinta à vontade com toda sua *performance*.

Para que seu peludo não saia simplesmente desembestado pelo cômodo, você pode incluir pontos de controle onde ele tenha de deitar ou sentar em determinado local e permanecer ali enquanto você conta até cinco antes de liberá-lo para ir ao obstáculo seguinte.

> **BRINCADEIRA INTERATIVA**
> **O CÃO E O DONO**
>
> **LOCAL**
> Qualquer cômodo em que seu cão se sinta à vontade.
>
> **NÍVEL DE DIFICULDADE**
> ☆☆☆ Difícil.
> Bom exercício de raciocínio
>
> **ACESSÓRIOS**
> Móveis e objetos domésticos comuns, petiscos. Se quiser incentivá-lo a saltar, isso deve ser feito em um piso adequado. O percurso pode incluir muitas das brincadeiras deste livro.

O primeiro segredo para fazer com que seu cão faça qualquer corrida de obstáculos é ele se sentir à vontade em cada etapa, separadamente. Depois disso, você poderá interligá-las uma a uma para criar o circuito final.

113

Capítulo 5

Ideias de obstáculos dentro de casa incluem:

Correr em zigue-zague contornando as pernas de uma cadeira ou mesa.

Passar por baixo de uma cadeira, mesa ou cabo de vassoura.

Atravessar um túnel feito com um cobertor estendido sobre uma mesa e descendo até chão ou um túnel de brinquedo para crianças.

Fazê-lo deitar em um tapetinho ou uma cadeira.

Pular em uma cadeira.

Saltar um pequeno obstáculo.

Caixa de Brincar

Uma simples caixa de papelão repleta de papéis amassados pode mostrar-se uma brincadeira e tanto para seu cão. Ela é interessante principalmente para filhotes mais destemidos. O que fazer de fato com sua caixa de brincar depende muito das tendências de seu peludo. Ela pode fazer parte de sua corrida de obstáculos ou conter um prêmio especial, que seu cão deve procurar.

Brincadeira Interativa
O cão e o dono

Local: Qualquer cômodo em que seu cão se sinta à vontade.

Nível de dificuldade: ☆☆ Médio

Acessórios: Uma caixa de papelão, papéis rasgados, brinquedos, petiscos.

Dica Use petiscos secos para o papel não absorver seu sabor e, assim, instigar seu peludo a comê-lo.

1. Se você não se importar com uma pequena bagunça de papéis, pode despertar um interesse extra na caixa colocando papéis rasgados lá dentro. Escolha papéis macios e sem tinta tóxica, o que também poderia manchar a pelagem de seu cão.

2. Comece com apenas um pouco de papel rasgado no início e acrescente mais à medida que seu cãozinho for compreendendo a dinâmica da brincadeira. Jogue alguns de seus petiscos favoritos dentro da caixa ou esconda nela seu brinquedo predileto.

3. Espalhar um punhado de ração deve incentivá-lo a procurar pela comida enquanto se diverte brincando dentro de sua caixa.

BRINCADEIRAS PARA JARDIM E QUINTAL

Muitos cães passam grande parte de seu tempo descansando no jardim ou no quintal. No entanto, geralmente nos esquecemos de que essas áreas são ideais para brincadeiras. Aproveite esses espaços para manter seu cachorro ocupado. Ele ficará mais feliz e também desenvolverá menos hábitos indesejáveis.

CAÇA AO TESOURO ENTERRADO

Alguns cães têm um desejo insaciável de cavar, o que pode ser desastroso para seu jardim. Como redirecionar esta atividade costuma ser muito mais fácil do que pará-la por completo, pode valer a pena criar uma área especial onde seu cão possa cavar livremente em busca do "tesouro" enterrado.

Coloque uma caixa de areia em uma parte acessível de seu jardim. O tamanho dela dependerá de seu cachorro, mas ela deve ser funda o suficiente para que seu peludo consiga cavar pelo menos alguns centímetros e para você enterrar biscoitos e brinquedos com facilidade. Caixotes de madeira são opções baratas, mas procure evitar madeira que se parta facilmente e solte lascas. Recipientes de plástico são práticos, mas podem ficar cheios d'água se forem deixados descobertos na chuva.

Mostre a seu cão um brinquedo com o qual ele goste muito de brincar. Provoque-o com ele e, então, enterre parte do brinquedo na caixa de areia.

BRINCADEIRA SOLO
APENAS O CÃO

LOCAL — Jardim, quintal ou uma área segura ao ar livre.

NÍVEL DE DIFICULDADE — ☆☆ Médio

ACESSÓRIOS — Caixote grande e fundo de madeira ou uma caixa plástica de areia para crianças, cheia de areia fina e limpa. Brinquedos de borracha para enterrar e grandes biscoitos caninos.

DICA Lembre-se de cobrir a caixa de areia quando não estiver sendo usada, pois os gatos da vizinhança podem ficar tentados a usá-la para fazer suas necessidades. Entretanto, lembre-se de deixá-la descoberta quando seu cão estiver fora de casa, brincando. Crianças não devem usar esta caixa de areia, a menos que estejam brincando nela com seu cão.

Encontre o tesouro enterrado

Incentive seu cão a aproximar-se da caixa de areia para retirar o brinquedo. Quando ele o fizer, elogie e o estimule a brincar. Repita esta parte algumas vezes para ter certeza de que ele compreendeu a dinâmica da brincadeira. À medida que seu cão se aperfeiçoa, você deve enterrar o brinquedo um pouco mais fundo. Incremente a diversão colocando biscoitos caninos na areia para que ele os encontre enquanto cava. Todas as variedades de brinquedos plásticos e de borracha podem ser enterradas na areia sem se estragar, embora, em dias secos, qualquer brinquedo possa ser utilizado.

Incentive seu cão dizendo "Cava! Cava!" enquanto ele estiver remexendo a areia. Por fim, este comando poderá ser usado para encorajá-lo a ir à caixa de areia e cavar.

Um brinquedo de borracha recheado de alguns petiscos secos é um objeto apropriado para ser o tesouro enterrado.

Capítulo 6

Picolés

Ajude seu cãozinho a refrescar-se em dias quentes fazendo um "Picolé" para ele brincar. Esses picolés são bem rápidos de preparar e você pode variar seus sabores para agradar aos gostos de seu cão. Escolha entre pequenos petiscos do tamanho de cubos de gelo para cães pequenos ou versões maiores, que durarão mais tempo e ajudarão seu peludo a refrescar-se nos dias mais quentes.

Para fazer o picolé, você pode ser bastante criativo. Cubos do caldo natural de cozimento de alimentos ou caldo de carne com pouco sal são escolhas populares, embora também seja possível usar leite sem lactose. Em uma jarra, misture muita água à base escolhida. A solução não precisa ser muito forte para despertar o interesse de seu cão. Um picolé simples pode ser feito colocando-se petiscos ou bolinhas de manteiga de amendoim dentro da forma de gelo ou de um recipiente maior que deverá, então, ser completado com a solução que você preparou na jarra. Em seguida, coloque para congelar.

Não faça picolés com cubos de caldo de carne normal, pois estes contêm sal demais.

Em um dia quente, retire os picolés do congelador e tire-os da forma. Cubos menores podem ser colocados na vasilha de água de seu cachorro ou oferecidos no chão. Incentive seu peludo a brincar elogiando e o persuadindo a cheirar e lamber o picolé. Se quiser uma versão mais avançada desta brincadeira, tente submergir parcialmente um brinquedo com corda em um recipiente maior com a solução e, em seguida, colocá-lo no congelador. Picolés em cordas podem ser pendurados no jardim ou no quintal para despertar maior interesse, mas não os use como brinquedos de arremesso, pois são pesados e potencialmente perigosos.

Corda elástica

No que diz respeito a formas de enriquecer o ambiente de seu cão, vale a pena considerar o tema sob todos os ângulos. Embora brinquedos no chão sejam muito divertidos, brinquedos pendurados podem representar um desafio ainda maior para seu cachorro.

Amarre uma corda elástica (o ideal é que seja um cordão elástico de um comprimento que possa ser esticado e voltar um pouco) no seu varal, de modo que possa se mover livremente por ele quando puxada. O varal deve ser forte o suficiente para aguentar a pressão dos puxões de seu peludo. Amarre bem o brinquedo à corda elástica. (Lembre-se de rechear brinquedos de passatempo com pedacinhos de alimento e petiscos antes de pendurá-los.)

A altura do brinquedo pendurado dependerá do tamanho de seu cão. Ele não deve ficar muito alto, pois isso diminuirá o entusiasmo de seu cachorro. Comece mantendo o brinquedo logo acima da altura da cabeça de seu peludo e, então, erga-o aos poucos, à medida que seu cachorro for pegando o jeito da brincadeira.

	Brincadeira Solo **Apenas o cão**
Local	Um lugar com um varal forte.
Nível de dificuldade	☆☆ Médio
Acessórios	Brinquedo de passatempo amarrado a um cordão, corda elástica ou guia elástica.

Um brinquedo resistente recheado com petiscos é um excelente alvo para esta brincadeira.

Quando seu cão agarrar o brinquedo, você deve elogiá-lo e incentivá-lo. Caso ele tenha de se esticar para alcançar o brinquedo ou puxá-lo, a corda elástica "voltará" quando ele o soltar. Isso atiçará seu cachorro a tentar pegar o brinquedo outra vez e resultará na queda de petiscos.

Capítulo 6

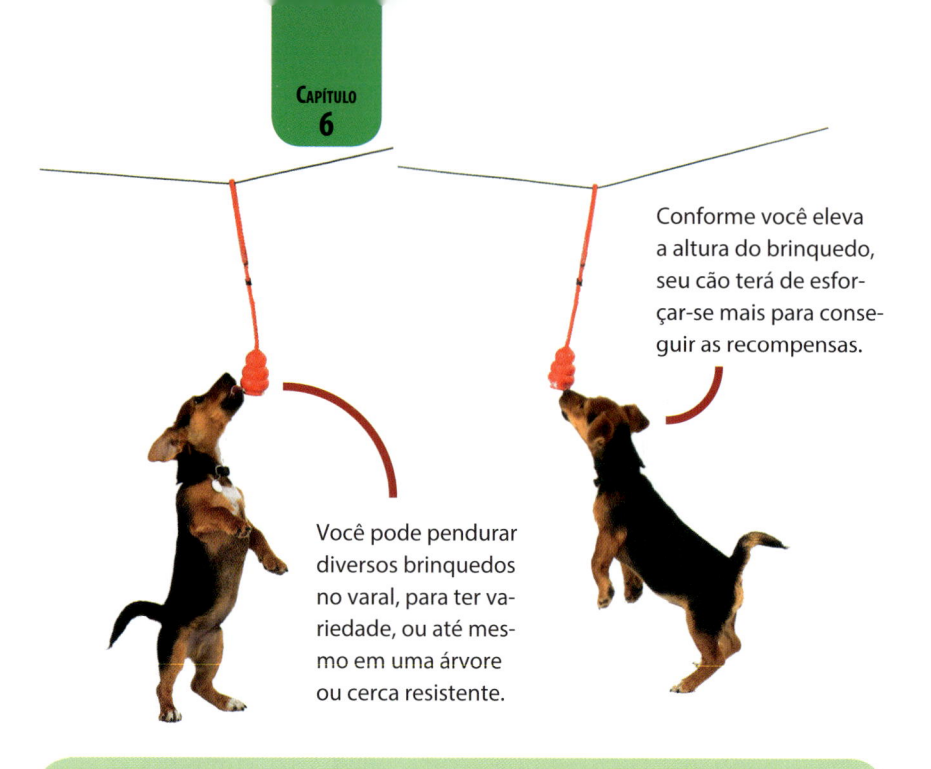

Conforme você eleva a altura do brinquedo, seu cão terá de esforçar-se mais para conseguir as recompensas.

Você pode pendurar diversos brinquedos no varal, para ter variedade, ou até mesmo em uma árvore ou cerca resistente.

Dica Evite rechear o brinquedo com qualquer alimento que possa atrair vespas ou abelhas. Quando seu cachorro parar de brincar, retire o brinquedo, pois ele pode atrair animais silvestres e insetos ou ser arruinado pelos elementos da natureza se for deixado pendurado ao ar livre por um período muito longo.

Pular corda

Esta brincadeira é mais fácil de fazer com cães menores e ágeis, que conseguem saltar com facilidade ao ouvir o comando. Não é uma brincadeira adequada para cães muito pesados ou jovens. É mais simples ensinar seu cão a pular corda sozinho, mas, caso se sinta com disposição e seu cachorro tenha um bom condicionamento, você também pode decidir aprender a pular corda com ele.

Se você não tiver um ajudante, então amarre uma das pontas da corda a um objeto fixo, como, por exemplo, um poste ou haste. Assim, você poderá girar a corda a partir da extremidade solta enquanto seu cão fica no meio.

	Brincadeira Interativa **O cão e o dono**
Local	Uma área aberta.
Nível de dificuldade	☆☆☆☆☆ **Expert.** Um verdadeiro desafio de raciocínio. Ensine seu cão a saltar primeiro.
Acessórios	Corda de pular e petiscos. Um ajudante pode ser útil.

A brincadeira de pular corda começa bem devagar. No início, você deve ensinar seu cão a pular por sobre a corda enquanto ela permanece parada diante dele. Quando ele estiver conseguindo pular bem, passe à etapa seguinte.

Comece a movimentar a corda. Balance-a suavemente, para a frente e para trás, mantendo-a bem rente ao chão, diante de seu cachorro. Incentive-o a saltá-la quando ela estiver se movimentando na direção dele. Cuidado para não sobrecarregá-lo com movimentação demais de uma só vez. Esta etapa normalmente requer bastante prática para garantir que seu cão não hesite em momento algum.

Dica Se você resolver tentar pular corda com seu peludo, tome muitíssimo cuidado para não pisar nas patinhas dele.

Entre no ritmo do balanço
Aumente gradativamente o arco do movimento da corda. Elogie seu cão por conseguir fazer a brincadeira. As primeiras etapas serão lentas, porém, quanto mais você praticar, mais rápido seu cão aprenderá a prever o salto da próxima vez. Não deixe a corda bater nas pernas de seu cachorro. Tenha paciência e não apresse as coisas.

Capítulo 6

Como Criar uma Pista de Obstáculos ao Ar Livre

Donos de cães mais ativos provavelmente terão ótimos resultados ao fazer atividades em seu próprio jardim ou quintal. Você pode criar uma pequena pista de corrida com talvez apenas duas atividades ou usar mais espaço com algumas das sugestões desta seção. Se você realmente curtir este tipo de atividade, você pode comprar *kits* de *Agility* para casa, embora também possa aproveitar e participar das aulas de seu grupo local de treinos de *Agility*.

Pular bambolês

Comece segurando um bambolê na vertical, de modo que a parte de baixo fique apoiada no chão. Segure-o com uma das mãos e um petisco na outra.

Com o petisco, incentive seu cão a passar pelo bambolê (**1**). Quando ele o atravessar, elogie e dê a recompensa. Pratique com o bambolê apoiado no chão até que seu cachorro se sinta muito à vontade atravessando-o, mesmo quando você passa para um local um pouquinho diferente.

Quando ele ganhar confiança para atravessar o bambolê, você pode apresentar uma palavra de comando, tal como "Salte". Para saltar de fato, será necessário um pouco mais de espaço; portanto, faça essa brincadeira em uma área grande o suficiente para tomar o impulso inicial e voltar ao solo depois de atravessar o bambolê.

	Brincadeira Interativa **O cão e o dono**
Local	Uma área aberta cuja superfície seja adequada para saltar.
Nível de dificuldade	☆☆ Médio
Acessórios	Um bambolê de plástico de tamanho apropriado para seu cão e petiscos ou um brinquedo.

Dica Talvez você pense em comprar ou fazer seu próprio bambolê com suporte. Fornecedores de equipamentos de treino de *Agility* para cães são bons lugares onde começar sua procura. O benefício deste tipo de equipamento é que você pode incluí-lo em uma série de atividades, criando sua própria rotina caseira de treino de agilidade.

APENAS UM BAMBOLÊ

1. Comece a praticar esta brincadeira incentivando seu cão a atravessar o bambolê que está apoiado no chão, na vertical.

2. Agora, segure o bambolê um pouco acima do chão. Não fique tentado a segurar o bambolê alto demais no início, pois pode ser perigoso e desestimulante para seu cachorro.

3. À medida que seu cão progride, você pode elevar o bambolê um pouco por vez, para incentivá-lo a saltar mais alto. Não suba o bambolê rápido demais. Desenvolva devagar as habilidades de salto de seu peludo.

CAPÍTULO 6

DOIS BAMBOLÊS

4. Uma variação desta brincadeira é pedir que um familiar ou amigo segure outro bambolê, de modo que seu cão possa terminar o primeiro salto e já realizar outro em seguida.

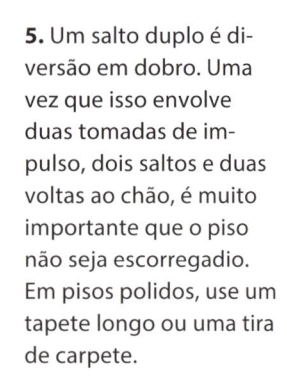

5. Um salto duplo é diversão em dobro. Uma vez que isso envolve duas tomadas de impulso, dois saltos e duas voltas ao chão, é muito importante que o piso não seja escorregadio. Em pisos polidos, use um tapete longo ou uma tira de carpete.

MINIBAMBOLÊS PARA CÃES PEQUENOS

Se você tem um cão pequenininho, seja um pouco mais criativo ao brincar de Pular Bambolês. Uma raquete velha de tênis sem a redinha pode tornar-se um excelente "bambolê" para seu peludinho pular. Se seu cachorro for de tamanho pequeno a médio, você pode optar por formar um bambolê com seus braços e incentivar seu cão a pulá-lo.

CORRIDA NO TÚNEL

A corrida no túnel é sempre uma opção divertida de incluir em uma pista de obstáculos. O mercado oferece túneis de tecido específicos para cães, embora também existam alguns túneis infantis de boa qualidade.

É possível improvisar um túnel com seis estacas baixas fincadas aos pares no chão, a uma mesma distância umas das outras. Jogue um cobertor velho por cima delas. Isso deve criar um túnel temporário para que você comece a treinar a brincadeira (no entanto, este não é um túnel muito bom, pois o cachorro pode sair por baixo do cobertor pelos lados).

O túnel de brinquedo não pode sair rolando enquanto seu cão estiver lá dentro. Portanto, fixe-o ao chão ou coloque calços em suas laterais, para impedi-lo de rolar. Dê um tempo para seu cachorro se acostumar com o túnel e incentive-o a investigá-lo em seu próprio tempo.

Atraia-o com um petisco e jogue mais alguns dentro do túnel, de maneira que ele precise entrar para pegá-los. Vá para a saída do túnel e incentive-o a correr até ali. Pode ser útil ter um ajudante em uma extremidade do túnel para segurar seu cão enquanto você vai até a outra. Chame-o do outro lado para ele atravessar o túnel e o elogie por atender. Muitos cães adoram perseguir um brinquedo pelo túnel, o que é ainda mais divertido. Quando seu cão estiver correndo pelo túnel, você pode usar sua palavra de comando, tal como "Atravessa", para ele associar a ação ao comando verbal.

BRINCADEIRA INTERATIVA
O CÃO E O DONO

LOCAL — Uma área com espaço para um túnel.

NÍVEL DE DIFICULDADE — ☆ Fácil

ACESSÓRIOS — Túnel de brinquedo para cães ou mesmo para crianças e petiscos ou brinquedos.

DICA Se seu peludo parecer muito receoso, comprimir o túnel, como se o estivesse guardando, pode ajudar. Pratique fazer com que seu cão atravesse o "bambolê" em que o túnel se transforma. Abra-o bem aos pouquinhos para seu cachorro ter de atravessar apenas um túnel muito curto no início.

Capítulo 6

VENHA POR AQUI

Túneis comprados podem ser comprimidos, tomando a forma de um bambolê. Cães ansiosos podem achar isso algo menos desafiador para começar.

Com estímulo, seu cachorro logo estará correndo por toda a extensão do túnel.

PASSEIO EM ZIGUE-ZAGUE

O objetivo desta brincadeira é fazer com que seu cão ande em zigue-zague, costurando entre os objetos. Em competições de *Agility* isso é feito com estacas, mas, em casa, você pode começar com qualquer número de objetos diferentes. Cones ou recipientes de plástico são uma forma simples de criar uma pista e varas de bambu são excelentes se você estiver em um gramado.

Comece colocando dois, três ou até mais cones em linha reta, deixando bastante espaço para seu cão caminhar facilmente entre eles. Se seu cachorro costuma reagir com apreensão diante de objetos novos, deixe-o cheirar e explorar o equipamento antes de começar a brincadeira.

> **BRINCADEIRA INTERATIVA**
> **O CÃO E O DONO**
>
> **LOCAL**
> Qualquer área aberta com espaço para três estacas ou mais.
>
> **NÍVEL DE DIFICULDADE**
> ☆ Fácil
>
> **ACESSÓRIOS**
> Escolha entre: varas de bambu, estacas de *Agility* ou *slalom*, cones plásticos ou vasos de plantas de cabeça para baixo. Petiscos.

Usando um petisco ou um brinquedo como recompensa, faça com que seu cão caminhe entre os primeiros dois cones. Elogie por seu êxito. Continue atraindo-o a passar entre os próximos dois cones e recompense. Esta é uma brincadeira simples, mas o objetivo é fazer com que seu cão costure por entre os cones o mais rápido que puder.

Estreite o percurso
Quando seu cão já estiver se movimentando com facilidade entre os cones, você pode aproximá-los um pouco mais uns dos outros. A distância entre os cones deve ser proporcional ao tamanho e constituição física de seu cão.

Dica de segurança
Caso você esteja usando bambus ou estacas, cubra as extremidades de cima com protetores plásticos ou de borracha, para não correr o risco de ferir os olhos ao se abaixar para recompensar seu cão.

Pratique até seu cão se sentir à vontade para costurar bem rápido por entre os cones. Você poderá reduzir gradativamente o número de recompensas até seu cachorro passar em zigue--zague por todos os cones antes de ser recompensado.

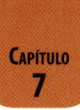

Brincadeiras para Curtir Durante Passeios

Sair com seu cão para passear a pé não se trata apenas de fazê-lo caminhar. Para muitos cães, um passeio é mais uma oportunidade de encontrar coisas interessantes para fazer do que uma chance de interagir com seu dono. Embora não haja problemas em permitir um pouco esse comportamento, perder completamente a atenção do cachorro é um verdadeiro problema e dificulta seu pleno controle sobre ele. Se você permitir que ele encontre distrações divertidas que não envolvam você, então ele estará menos propenso a ficar por perto e atender a seus chamados. Em vez disso, use o tempo de seu passeio para exercitar o corpo e a mente de seu peludo. Vocês poderão divertir-se muito juntos e ele terá menos tempo para aprender maus hábitos.

	Brincadeira Interativa
	O cão e o dono
Local	Qualquer área aberta e segura.
Nível de dificuldade	☆☆ **Médio**
Acessórios	Uma guia retrátil, petiscos e um brinquedo.

Alegria prolongada

Muitos donos de cães têm equipamentos que não usam mais. Esta brincadeira sugere o uso da guia retrátil de uma forma que pode ajudá-lo a incentivar seu cachorro a brincar perto de você, correr em sua

A guia retrátil
Estes objetos, às vezes chamados guias flexi, consistem em uma guia forte de determinado comprimento que se enrola em uma bobina acionada por uma mola. Quando estendida, a guia corre no sentido contrário à torção da mola e pode ser travada apertando-se um botão de controle.

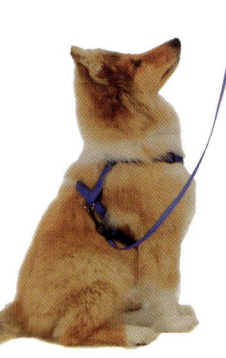

direção e aprender que você é uma fonte de diversão ilimitada! A guia pode ser uma que você ainda use ou uma que esteja guardada há tempos em seu armário. De qualquer forma, desde que a trava ainda funcione, você pode fazer esta brincadeira.

Siga aquele brinquedo!

1. Em geral, cães adoram perseguir coisinhas que se movimentam depressa pelo chão. Esta brincadeira tenta direcionar esses instintos a uma atividade segura e gratificante. Enquanto seu cachorro estiver distraído com alguma coisa durante o passeio, prenda um brinquedinho macio na ponta da guia retrátil. Deixe cair o brinquedo e comece a estender a guia conforme você continua caminhando. Trave a guia.

Quando o brinquedo correr de volta a você, os cães pensarão que é o momento de persegui-lo.

2. Ao terminar de estender a guia, pare e olhe para trás. Quando seu cão se aproximar do brinquedo, você pode destravar a guia e deixá-la ser puxada, trazendo o brinquedo em sua direção. Trave a guia para fazer o brinquedo parar e mover-se outra vez. O objetivo é fazer com que o brinquedo "dispute" com seu cão uma corrida de volta até você. Mantenha seu dedo sobre o botão da trava para o caso de seu cachorro enroscar-se na guia por acidente. Esta brincadeira funciona particularmente bem quando o brinquedo está deslizando em meio a folhas ou grama alta.

Capítulo 7

Dica Com cães menores e para retornos mais rápidos, use brinquedos mais leves, tais como penas grandes ou longas tiras de pelúcia.

A guia enrola dentro do estojo plástico.

Outras variações

Como variações mais avançadas desta brincadeira, você pode estender a guia em volta de uma árvore, criando o formato de um L ou até mesmo de um U. Escolha uma árvore cuja casca seja lisa na base, do contrário o brinquedo ou a guia podem se rasgar. Agora, verá que, inicialmente, o brinquedo se afasta de você para, em seguida, fazer a curva e correr de volta a você, após ter cercado a árvore. Esta é uma lição excelente para cães que fogem durante passeios. Eles podem se divertir, mas o principal objetivo é virar e correr de volta a seu dono para receber as recompensas que eles sabem que os aguardam.

Cão SKATISTA

Esta é uma brincadeira excelente que desafia tanto seu cão quanto você. Também resulta em ótima atração em reuniões sociais ou festas. Mas, por favor, lembre-se: segurança é fundamental em qualquer circunstância e você nunca deve incentivar seu cão a fazer qualquer coisa que não o deixe à vontade. Embora esta seja basicamente uma brincadeira para ser feita ao ar livre, você pode começar a ensiná-la dentro de casa, sobre um tapete ou carpete, pois o movimento será uma das últimas partes a ser acrescentada. Quando decidir mudar o local da brincadeira, lembre-se de repassar alguns estágios para encorajar seu cão com etapas mais fáceis.

BRINCADEIRA INTERATIVA
O CÃO E O DONO

LOCAL	Sobre uma superfície plana.
NÍVEL DE DIFICULDADE	☆☆☆☆ **Avançado**
ACESSÓRIOS	Um *skate*, petiscos, dois tijolos ou livros pesados, marcador para tocar com a pata.

DICA Nunca faça esta brincadeira em ladeira ou perto de rua movimentada. A superfície do solo não precisa ser perfeitamente lisa e plana, visto que é melhor para seu cão que o *skate* se movimente bem devagar.

COMO FAZER SEU CÃO SUBIR

1. Posicione o *skate* entre dois tijolos ou livros pesados, colocados na frente e atrás para ele não se mover quando seu cão o tocar. Passe algum tempo persuadindo seu cachorro a subir no *skate*, até que ele se sinta à vontade para colocar as duas patinhas da frente sobre ele. Ensine-o a apoiar as patas perto do centro, pois o *skate* empinará caso seu cachorrinho coloque o peso na extremidade traseira.

Vá devagar nas primeiras etapas – o *skate* é um objeto com que seu cão não estará acostumado.

131

Capítulo 7

2. Em seguida, você pode começar a afastar o tijolo da frente, mas apenas alguns centímetros para o *skate* se movimentar um pouquinho. Esteja preparado, trazendo consigo alguns petiscos muito apetitosos, que você oferecerá assim que seu cão movimentar levemente o *skate*.

Tenha consigo alguns dos petiscos preferidos de seu cachorro para oferecer como recompensa.

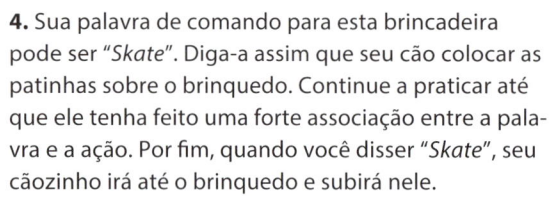

3. Quando seu cão estiver à vontade com esse movimento sutil, você pode começar a afastar os tijolos um pouquinho mais. Aumentar gradativamente a distância pela qual o *skate* se movimenta é importante para seu cão não ficar com medo. Recompense-o a cada tentativa bem-sucedida.

4. Sua palavra de comando para esta brincadeira pode ser "*Skate*". Diga-a assim que seu cão colocar as patinhas sobre o brinquedo. Continue a praticar até que ele tenha feito uma forte associação entre a palavra e a ação. Por fim, quando você disser "*Skate*", seu cãozinho irá até o brinquedo e subirá nele.

Aos poucos, os tijolos que calçam o *skate* podem ser retirados.

Seja um treinador compreensivo
Se seu cão se sentir bem confiante, ele vai conseguir colocar as quatro patas sobre o *skate* e dar início ao movimento em algum momento. No entanto, não apresse isso e seja compreensivo caso seu peludo continue temeroso diante desse objeto com o qual não está acostumado. Não é correto ficar persuadindo um animal a fazer uma brincadeira que o deixa ansioso.

A prática leva à perfeição
Quando seu cachorro tiver se acostumado à sensação inicial de instabilidade que experimentará com a movimentação do *skate*, é possível que ele se sinta confiante o suficiente para subir nele quando já estiver em movimento.

Acenando para a multidão
Alguns cães passam a sentir-se tão à vontade sobre um *skate* que podem aprender a fazer outros truques enquanto permanecem sobre ele.

Capítulo 7

Esconde-esconde

Esconde-esconde é uma brincadeira excelente para incentivar seu cachorro a prestar atenção em você durante os passeios. Ele aprende que procurar você e encontrá-lo é muito divertido. Essa atividade também pode dissuadi-lo de se afastar de você e fazer o que tiver vontade. Escolha sempre uma área distante de estradas, ferrovias ou outros perigos.

	Brincadeira Interativa **O cão e o dono**
Local	Em uma área segura ao ar livre.
Nível de dificuldade	☆☆☆ **Difícil. Bom exercício de raciocínio.** Seu cão deve ter aprendido bem o comando "Vem cá" para você deixá-lo sem a guia com segurança.
Acessórios	Petiscos ou um brinquedo.

Corra e se esconda

1. Quando seu cachorro não estiver prestando atenção em você, talvez distraído com um cheiro ou apenas trotando à sua frente, escape para trás de uma árvore ou arbusto próximo ao caminho que vocês estão seguindo.

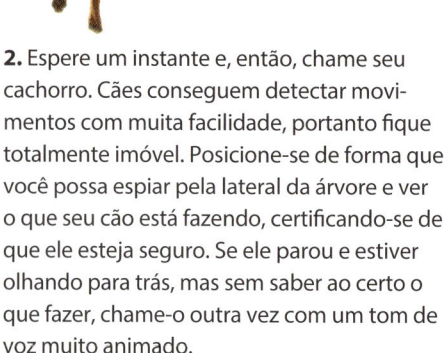

2. Espere um instante e, então, chame seu cachorro. Cães conseguem detectar movimentos com muita facilidade, portanto fique totalmente imóvel. Posicione-se de forma que você possa espiar pela lateral da árvore e ver o que seu cão está fazendo, certificando-se de que ele esteja seguro. Se ele parou e estiver olhando para trás, mas sem saber ao certo o que fazer, chame-o outra vez com um tom de voz muito animado.

3. Quando ele começar a correr para encontrá-lo, ajude-o chamando seu nome mais algumas vezes. Assim que seu cão o encontrar, elogie. Você pode até mesmo brincar com ele, oferecendo um brinquedo. Quando vocês tiverem ficado bons nisso, seu cachorro passará a procurar por você depois de um único chamado. Ele também passará a ficar de olho em você, pois pensará que seu humano bobo costuma se perder durante os passeios!

Dica Esta brincadeira pode ser um pouco embaraçosa caso outra pessoa que esteja passeando com um cão o veja escondido atrás de uma árvore. No entanto, não se preocupe: seu peludo logo aparecerá e tudo ficará claro. Para que você não fique acanhado, faça esta brincadeira em lugares mais tranquilos.

Leva

Não seria maravilhoso ter um cão que pudesse nos ajudar a carregar as coisas? Alguns cães parecem ter nascido para esta brincadeira, enquanto outros precisam de mais treino. Em geral, contudo, esta é uma brincadeira divertida que também pode servir a propósitos úteis.

Brincadeira Interativa
O cão e o dono

Local Ao longo de seu trajeto normal de passeio.

Nível de dificuldade ☆☆☆ **Difícil. Bom exercício de raciocínio.** Ensine bem o comando "Busca".

Acessórios Um brinquedo ou outro objeto que você queira que seu cão carregue.

Capítulo 7

1. Incentive seu cão a segurar o objeto na boca: provoque-o com o item e deixe-o um pouco entusiasmado. Desse modo, é provável que ele tente pegar o objeto quando você o jogar ao chão. Assim que ele voltar a você, elogie e recue alguns passos, de modo que seu peludo tenha de acompanhá-lo antes de você pegar o objeto e dar a recompensa.

Escolha
Decida o que você gostaria que seu cachorro levasse. Muitos donos gostam que seus cães carreguem seu próprio brinquedo ou o jornal.

2. Aos poucos, incentive seu cão a pegar o objeto e carregá-lo por uma distância um pouco maior, enquanto o acompanha, para só depois você parar e elogiá-lo. Pegue o objeto, fique com ele por um curto intervalo e tente mais uma vez. Enquanto ele o acompanha carregando o objeto, diga o comando verbal "Leva" e elogie-o bastante.

3. Aumente o tempo pelo qual seu cão carrega o objeto até que ele o faça, com alegria, caminhando ao seu lado. Entretanto, lembre-se de que cães tenderão a derrubar o que estiverem carregando caso encontrem outro cachorro ou detectem um cheiro muito bom pelo caminho. Será preciso prática e um instinto muito forte para que isso nunca aconteça. Portanto, vale a pena praticar esta brincadeira com algo como um brinquedo canino, no início. Ensine-o a "encontrar" o objeto, de maneira que ele possa refazer seus passos para pegar facilmente quaisquer objetos que tenham sido derrubados.

Usar petiscos muito saborosos como recompensa pode fazer com que seu cão salive em excesso; portanto, tente recompensá-lo com brincadeiras, elogios e petiscos secos simples.

Pista de obstáculos naturais

Existem inúmeras oportunidades de gastar a energia de seu cão com atividades físicas de resistência, equilíbrio e coordenação quando vocês saem para passear. Apesar de cada local ser diferente, você pode ser criativo e promover sua própria diversão em suas caminhadas regulares. Antes de mandar seu cachorro pular em algo ou descer de algum lugar, verifique se isso é seguro. Pode haver cacos de vidro, ladeiras íngremes ou galhos pontiagudos ou até mesmo superfícies muito duras, que podem ferir seu cão.

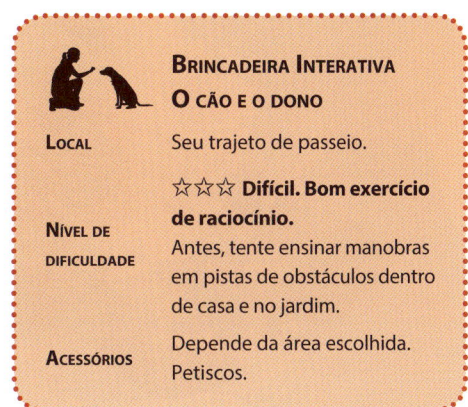

	Brincadeira Interativa **O cão e o dono**
Local	Seu trajeto de passeio.
Nível de dificuldade	☆☆☆ **Difícil. Bom exercício de raciocínio.** Antes, tente ensinar manobras em pistas de obstáculos dentro de casa e no jardim.
Acessórios	Depende da área escolhida. Petiscos.

Capítulo 7

Exemplos de atividades
- Pular árvores caídas.
- Caminhar sobre troncos de árvores caídas.
- Andar em zigue-zague entre árvores ou mourões de cerca.
- Passar por baixo de troncos e galhos.
- Pular para o outro lado de pequenos riachos.

Acima Pular para o outro lado de riachos não deve exigir mais do que isto!

Esquerda Uma tora lisa tem dupla serventia: o cão pode correr sobre ela ou saltá-la, como se fosse um obstáculo.

Misturar e combinar
Você pode ensinar cada uma das atividades dos capítulos 4 e 6, que tratam das corridas de obstáculos dentro de casa e das brincadeiras de jardim, e adaptá-las para uso externo.

Corrida do ovo na colher

Esta brincadeira tradicional proporciona muita diversão para donos e cães, qualquer que seja seu nível de adestramento. Seu "ovo" pode ser qualquer coisa que você consiga equilibrar sobre uma colher (embora bolinhas de borracha devam ser evitadas).

	Brincadeira Interativa
	Várias duplas de cães e seus donos
Local	Seu jardim ou o parque local.
Nível de dificuldade	☆☆☆ **Difícil. Bom exercício de raciocínio.**
Acessórios	Uma colher de sopa para cada pessoa, ovos cozidos/bolas de tênis/saquinhos cheios de feijão seco, estacas ou cadeiras e petiscos.

Regras do jogo:
- Os cães não devem ser puxados ou arrastados em nenhum momento durante a corrida.
- Elogie e recompense os cães pelo bom comportamento.
- Segurar o "ovo" na colher com o polegar é trapaça!.
- Se o cão pegar o ovo, você deve dar-lhe um petisco em troca do objeto.

Estabeleça as regras antes de começar
Decida como sua brincadeira acontecerá. Em sua versão mais comum, todos os donos conduzem seus cachorros (com coleira e guia) juntos por um percurso predefinido. Em geral, ele incluirá manobras como andar em zigue-zague ao redor de cadeiras ou estacas de jardim, mas pode ter a complexidade que você quiser.

1. Cada dono deve enrolar a extremidade da guia de seu cachorro em uma das mãos, na qual também segurará uma colher. Todos devem pegar um "ovo" e posicionar-se junto à linha de largada.

2. Ao sinal de início, todos devem equilibrar o ovo na colher e começar a fazer o percurso. Os cães devem ser incentivados a caminhar tranquilamente ao lado de seu dono.

3. Se você derrubar seu "ovo", pare, pegue-o e retome o percurso o mais rápido possível, a partir do ponto em que o ovo caiu. Vence a dupla de dono e cão que alcançar primeiro a linha de chegada com seu ovo intacto.

Em geral, quanto maior a pressa, menor a velocidade.

Dica Donos de cães muito bem treinados podem dificultar esta brincadeira criando um percurso mais complexo e usando ovos crus. Se o ovo quebrar, você é eliminado.

Capítulo 8

Brincadeiras Verbais

A maior parte da comunicação canina ocorre por meio de linguagem corporal, ao contrário dos humanos, que recorrem principalmente à interação verbal. Embora a maior parcela do adestramento de seu cão seja feita com o uso tanto de gestos corporais como manuais, cães mais adiantados podem aprender a atender apenas com palavras. Isso requer bastante tempo e prática, bem como muita persistência e repetição. Talvez essa rotina já faça parte de seu adestramento formal de obediência, mas, se este não for o caso, pode ser que você queira experimentar as brincadeiras a seguir para fortalecer a resposta de seu cão a comandos verbais.

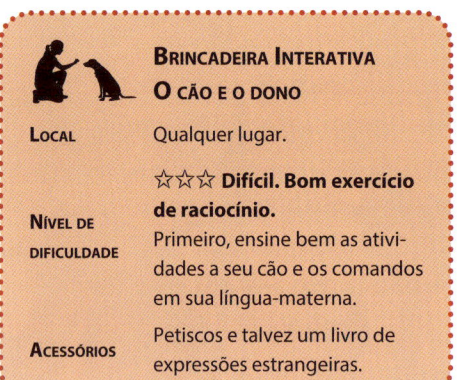

	Brincadeira Interativa **O cão e o dono**
Local	Qualquer lugar.
Nível de dificuldade	☆☆☆ **Difícil. Bom exercício de raciocínio.** Primeiro, ensine bem as atividades a seu cão e os comandos em sua língua-materna.
Acessórios	Petiscos e talvez um livro de expressões estrangeiras.

Platz

Seduto – Sentado

Falar muitas línguas
É divertido personalizar seus comandos verbais para que reflitam a origem da raça de seu cão. Contudo, donos de pequineses talvez precisem de um pouco mais de tempo para pesquisas!

Aqui, a dona está começando a ensinar italiano a um galgo italiano.

Truques multilinguais

Imagine o espanto de seus amigos ao testemunharem seu cão atendendo a comandos em outra língua. Para um efeito ainda maior, você pode ensinar as palavras de comando na língua do país de origem da raça de seu cachorro. Por exemplo, seu pastor alemão, seu buldogue francês ou seu spinone italiano podem aprender um pouco de suas respectivas línguas maternas. Àqueles de nós que têm cães originários de países de língua portuguesa, um lembrete: aprender uma segunda língua não fará mal a ninguém!

Giù – Deitado

Como treinar o comando "deitado" em italiano

1. Seu cão já deve atender de forma muito segura ao comando que você quer renomear. Trabalhe um comando por vez e tenha certeza da nova palavra de comando antes de começar.

Seduto

Attend

Giù – Deitado

2. Apresente a nova palavra de comando imediatamente antes de dizer o comando antigo. Deste modo, seu cão começará a prestar atenção à palavra nova. Dizê-la depois não funciona tão bem, uma vez que seu cão estará ocupado demais obedecendo ao comando original para notar a nova palavra.

Capítulo 8

Dà la zampa

A prática leva à perfeição
É claro que a palavra *zampa* (pata) em si mesma não significa nada para o cão: ele está apenas aprendendo um comando verbal para induzir o comportamento desejado.

Giù

Português	SENTADO	DEITADO	DÁ A PATINHA
Alemão	Sitz	Platz	Gib Pfötchen
Francês	Assis	Couché	Patte
Italiano	Seduto (fácil!)	Giù	Dà la zampa
Inglês	Sit	Down	Paw

Por exemplo: Para treinar novamente o comando "Deitado" em alemão, chame a atenção de seu cachorro e diga "Platz – Deitado", recompensando por atender da maneira correta. Repita o procedimento algumas vezes, até que ele responda corretamente assim que ouvir a palavra "Platz".

Desfile da identificação dos brinquedos

Esta brincadeira ensina seu cão a identificar e escolher um brinquedo específico quando solicitado. Se você já tiver apresentado os brinquedos e ensinado uma palavra associada a cada um deles, então pode passar diretamente à brincadeira. Se você não dedicou muito tempo a isso, então precisará voltar a este estágio e começar agora. Enquanto seu cão estiver brincando com um brinquedo, diga seu nome, por exemplo, "Bola".

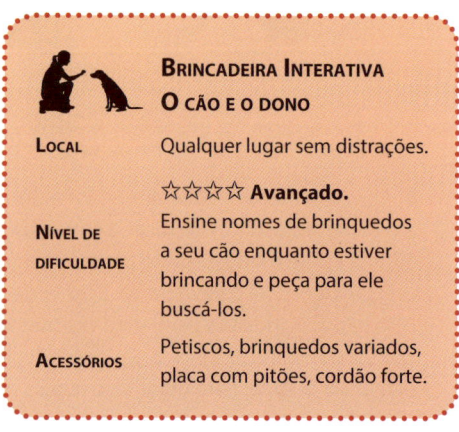

Brincadeira Interativa
O cão e o dono

Local	Qualquer lugar sem distrações.
Nível de dificuldade	☆☆☆☆☆ **Avançado.** Ensine nomes de brinquedos a seu cão enquanto estiver brincando e peça para ele buscá-los.
Acessórios	Petiscos, brinquedos variados, placa com pitões, cordão forte.

Fazendo isso com regularidade, seu cachorro começará a associar a palavra com aquele brinquedo.

Para aprimorar a habilidade de seu cão de identificar cada brinquedo corretamente, você terá de testar sua habilidade de distingui-los uns dos outros. Entretanto, é importante que seu peludo não consiga pegar de fato os outros brinquedos, já que ele pode achar mais interessante brincar com eles, o que atrasaria o treinamento.

Uma boa maneira de driblar isso é usar uma placa de brinquedos, feita com um quadrado grande de madeira compensada. Encaixe alguns pitões em gancho em diversos pontos da placa, de modo que eles não possam ferir seu cão. Amarre mais alguns brinquedos à placa usando o cordão e os pitões. O brinquedo que você está treinando seu cão a pegar deve ser colocado sobre a placa, mas não amarrado. Isso fará com que, quando seu cão for à placa, ele não consiga pegar nenhum outro brinquedo senão aquele que você pediu, o que possibilitará seu sucesso.

Comece de forma simples
1. Esta brincadeira conta com a capacidade que seu cão tem de reconhecer os nomes de brinquedos isolados. Comece com um único exemplo simples, tal como uma bola.

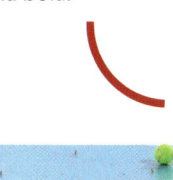

2. Peça para seu cão pegar o brinquedo e diga seu nome – "Bola" – como parte do comando. Pratique algumas vezes para que a lição seja realmente aprendida.

Dica Escolha brinquedos cujos nomes não tenham um som parecido para que a distinção entre eles seja mais fácil.

Aprimore a habilidade

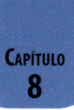

Pratique misturando os brinquedos que você utiliza e trocando-os de lugar até seu cachorro saber qual você está pedindo pelo nome.

Aumente as opções sobre a placa

Quando seu cão estiver pegando com segurança o brinquedo que você pede pelo nome, você pode começar a deixar a brincadeira um pouco mais complexa. Amarre brinquedos variados nos ganchos da placa, mas deixe o escolhido livre para seu cão pegar.

Seu cão ainda pode pegar a bola e levá-la até você.

A VARIEDADE TORNA-SE AINDA MAIOR

1. Agora, a bola é uma das seis opções que aparecem sobre a placa. Coloque-a na posição e peça para seu peludo pegar a "Bola". Você quer que ele identifique o que a palavra de comando significa.

2. Se ele pegar a bola, dê-lhe parabéns e comemore o ótimo trabalho de vocês dois. Quando ele tiver aprendido "Bola", escolha um brinquedo diferente. Vá com calma e não apresse seu cão ou ele ficará confuso.

Brincadeiras para Viagens

Capítulo 9

Nos dias de hoje, mais do que nunca, viajamos com nossos animaizinhos de estimação. Porém, viagens longas podem ser tão entediantes para nossos cães quanto para nós. Durante o percurso, distraia seu amigo com atividades que o divirtam e, sempre que possível, faça paradas, dedicando algum tempo para exercícios. Permanecer quieto e tranquilo em um hotel também pode ser difícil se seu cão passou o dia viajando; portanto, dedique algum tempo para um pouco de estímulo mental, de modo a utilizar parte das energias extras de seu peludo.

Como essas brincadeiras para viagem não exigem muitos equipamentos adicionais, você não precisará se lembrar de colocar em sua bagagem coisas que normalmente não levaria ao viajar com seu cãozinho. Caso você já lhe tenha ensinado previamente algumas das brincadeiras para festas (capítulo 15), boa parte delas também pode ser feita enquanto vocês estão fora. Primeiro, deixe seu cão à vontade e facilite os truques, visto que ele está longe de casa, em um ambiente novo.

	Brincadeira Solo **Apenas o cão**
Local	Dentro do transporte do carro ou mesmo quando preso no banco traseiro.
Nível de dificuldade	☆ Fácil
Acessórios	Brinquedos variados, vasilha com alimentos e petiscos adequados, uma colcha ou cobertor para proteger o banco.

Leve um brinquedo interessante na viagem
Brinquedos recheados de petiscos são perfeitos para distrair um cão durante as horas de uma longa viagem de carro. São fáceis de rechear durante as paradas e de lavar ao fim do dia.

Diversão no carro

A grande vantagem de muitos brinquedos de passatempo é que podem ser facilmente transportados e lavados enquanto você está viajando. Não ocupam muito espaço dentro do carro e podem proporcionar a seu cachorro a distração de que ele tanto precisa. Alguns podem ser deixados soltos, para rolar de lá para cá dentro do transporte, ao passo que outros, tais como aqueles presos a cordas, podem ser presos no cinto de segurança ou no transporte para permanecer no lugar. Aproveite para rechear o brinquedo com novos petiscos ou ração quando você fizer uma parada e lembre-se de também dar bastante água a seu cãozinho.

Pegue o petisco

Nem todos os cães têm coordenação suficiente para pegar um petisco ou brinquedo jogado em sua direção. Isso é algo que você pode ensinar e que promove maior precisão e controle de movimentos. Um cachorro capaz de agarrar objetos está mais preparado para outras brincadeiras dinâmicas ao ar livre, inclusive brincar com um *frisbee* ou mesmo competir em uma atividade de velocidade como o *flyball* (veja o capítulo 16).

Quando seu cachorro estiver pegando o petisco com segurança, você pode introduzir a palavra de comando "Pega" no instante em que você jogar o petisco. Pratique em locais diferentes e com objetos diversos. Petiscos menores são mais difíceis de pegar e, portanto, mais desafiadores. Brinquedos podem ser jogados a uma distância maior ou se movimentar de maneiras diferentes, o que fará com que seu cão aprenda a ser mais ágil e coordenado.

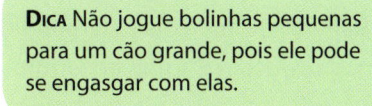

Brincadeira Interativa
O cão e o dono

Local	Dentro de seu quarto de hotel ou mesmo ao ar livre.
Nível de dificuldade	☆☆ Médio. Ensine o comando "Solta" ou tenha consigo um ajudante.
Acessórios	Petiscos (de tamanhos variados) ou um brinquedo.

Dica Não jogue bolinhas pequenas para um cão grande, pois ele pode se engasgar com elas.

Caso ele não consiga, diga: "Solta" e pegue o petisco do chão. O ideal é deixar que ele coma o petisco apenas se conseguir pegá-lo.

Você deve considerar duas coisas em caso de erro:

1. Seu cão está empolgado demais? Ele fechou a boca antes do tempo e o petisco bateu no seu focinho?

2. Seu cão foi lento demais? Ele abriu e fechou a boca depois do tempo, de maneira que o petisco já tinha passado por seu focinho quando reagiu?

Você pode ajustar sua posição para que seu cachorro tenha melhores chances de pegar o petisco. Caso ele seja rápido demais, você pode aproximar-se um pouco para que o petisco jogado chegue antes até ele. Se ele for muito lento, afaste-se e jogue o petisco de uma distância um pouco maior, de forma que ele tenha mais tempo para reagir.

Jogue o objeto com um movimento suave em arco
Fique de pé, diante de seu cachorro, e mostre-lhe o petisco que você tem na mão. Jogue o petisco com um movimento ascendente em arco na direção da cabeça de seu cachorro. Tente fazer com que seja fácil pegar o petisco no início. Se ele conseguir, faça muita festa.

Cara de paisagem

A maioria dos cachorros atende a uma gama de sinais que lhes damos durante o adestramento. Por isso eles reagem tão bem aos gestos de nossas mãos e a nossos movimentos corporais, bem como a nossos comentários. É difícil esconder qualquer coisa de nossos cães, pois estão muito acostumados a nos "decifrar". Esta brincadeira visa testar a compreensão que seu cachorro tem das palavras

	Brincadeira Interativa
	O cão e o dono
Local	Em seu quarto de hotel ou até mesmo ao ar livre, desde que haja poucas distrações.
Nível de dificuldade	☆☆☆ Difícil. Bom exercício de raciocínio.
Acessórios	Petiscos.

de comando que você já ensinou ao mesmo tempo em que elimina as outras indicações a que ele talvez esteja respondendo. Seu objetivo é limitar o máximo possível os outros sinais, além das palavras de comando que você usa. Experimente: é mais difícil do que parece.

Diminuindo seus sinais físicos
1. Escolha um comando que seu cão saiba bem, como "Sentado" ou "Deitado". Coloque-se diante de seu cachorro e peça para ele realizar esta ação da maneira como você normalmente o faria.

> **Dica** Se seu cão ficar confuso ou errar, pare e facilite as coisas para ele. Caso ele não compreenda a palavra de comando, tudo bem. Agora você sabe que precisa praticar a brincadeira mais vezes e esforçar-se para criar associações com a palavra de comando.

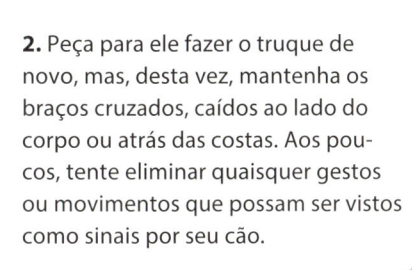

2. Peça para ele fazer o truque de novo, mas, desta vez, mantenha os braços cruzados, caídos ao lado do corpo ou atrás das costas. Aos poucos, tente eliminar quaisquer gestos ou movimentos que possam ser vistos como sinais por seu cão.

3. Se ele conseguir, você pode, então, começar a dar as costas para seu cão e solicitar o mesmo comportamento. Caso ele o realize da maneira correta, elogie-o muito pelo acerto.

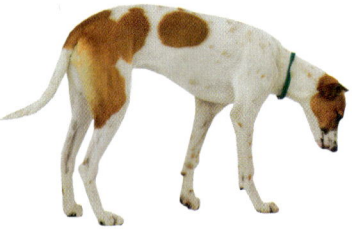

Quando você estiver de costas para seu cão, não conseguirá ver o que ele está fazendo sem se virar. Use um espelho ou peça a um amigo que lhe diga se ele está fazendo tudo certinho.

Sem trapaça!

Para ir bem nesta brincadeira, você terá de aprender a permanecer imóvel e evitar quaisquer reações acidentais que seu cão possa ver e interpretar.

Quando você tiver estabelecido um método de adestramento que talvez incorpore gestos para reforçar um comando verbal, fica dificílimo permanecer imóvel e sem qualquer expressão facial para fazer esta brincadeira. Experimente e veja por si mesmo.

VERIFIQUE OUTROS COMANDOS
1. Depois de verificar a compreensão dos comandos básicos, comece a tentar outros que você acredita que seu cão entenda bem. Após um "Sentado", a sequência natural seria tentar o comando "Deitado".

2. Desafie seu cachorro para ver quantos comandos ele consegue fazer direito sem qualquer outra ajuda sua.

Capítulo 10

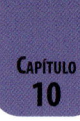

Brincadeiras na Água

Cães costumam gostar de água tanto quanto nós. Eles adoram espirrar água, nadar e brincar nas partes rasas. Algumas raças têm um gosto inato pela água, mas mesmo aquelas menos interessadas podem, em geral, ser incentivadas a brincar nela. Isso é mais fácil com cães jovens, mas, se a aproximação for lenta, muitos conseguem superar seu receio inicial.

	Brincadeira Interativa **O cão e o dono**
Local	Ao ar livre ou em um cômodo com piso resistente à água.
Nível de dificuldade	☆☆ **Médio.** Ensine o comando "Pega" primeiro.
Acessórios	Bacia com água e petiscos que flutuem, toalha para o cão e um tapete para colocar sob a bacia, se decidir brincar dentro de casa.

Embora seja um meio divertido, a água também pode ser perigosíssima para os cães. Eles podem se afogar ou se cortar em objetos afiados ocultos sob a superfície. Estão sujeitos, ainda, a pegar infecções ou parasitas através da água, a adoecer por conta da poluição ou mesmo ser picados ou mordidos, em certos locais, por animais venenosos ou perigosos.

Sempre pense duas vezes antes de incentivar seu cachorro a entrar em qualquer local com água. Felizmente, existem algumas brincadeiras divertidas na água que você pode realizar em casa, tornando-as tão seguras quanto possível.

Prepare-se para uma bela sacudida de seu cão após brincar na água. Ajude-o a se secar, esfregando-o bem com uma toalha depois da brincadeira, para evitar que ele pegue um resfriado.

Abocanhar petiscos flutuantes

Um cachorro muito animado pode facilmente virar uma bacia leve; por isso, escolha uma de tamanho e peso adequados a seu cão. Encha dois terços dela com água. Assim ela ficará ainda mais pesada e firme e, ao mesmo tempo, sobrará um espaço para impedir que muito mais água espirre quando seu cão mergulhar as patas ou a cabeça. A borda da bacia ou banheira obriga o cão a pegar com a boca o objeto flutuante para tirá-lo da água, não permitindo que ele apenas bata nele com a pata, empurrando-o para um dos lados.

Não encha a bacia ou a banheira com água até a borda. Com certeza seu cão derramará parte dela quando colocar a cabeça e as patas lá dentro, molhando o chão.

Esta bacia rasa tem a altura adequada a um cão pequeno, que, assim, pode colocar o focinho e as patas na água sem precisar escalar a borda.

Mergulhos para pegar petiscos

1. Coloque um dos petiscos grandes de seu cão para flutuar na água e incentive seu cachorro a pegá-lo. Se ele ficar mais motivado com brinquedos, coloque uma de suas bolas prediletas para flutuar na superfície da água.

2. Alguns cães mais sensíveis podem se acostumar gradativamente a colocar o focinho na água se você os ajudar segurando o petisco em sua mão em concha sobre a superfície. A cada vez que você fizer isso, afunde um pouquinho mais a mão na água.

3. No início seu cão pode tentar bater na água com as patas para pegar o petisco ou brinquedo, mas ele logo perceberá que precisa realmente pegar o objeto com a boca para tirá-lo da bacia. É importante elogiar suas primeiras tentativas, mesmo que malsucedidas, pois, caso contrário, ele pode desistir.

4. Seu cão acabará conseguindo pegar o petisco ou brinquedo direto da superfície. Pratique esta brincadeira com petiscos e brinquedos de tamanhos diversos por diversão. Você pode até colocar vários brinquedos na superfície da água e mandar que ele pegue um específico. (Observação: pode ser útil ensinar primeiro a brincadeira Desfile da Identificação dos Brinquedos.)

Mergulhos

Quando seu cão estiver bastante acostumado a colocar o focinho na bacia de água para pegar objetos que estejam flutuando, você pode tentar avançar para esta brincadeira, que consiste em pegar um tesouro submerso. Nem todos os cães estão preparados para afundar a cabeça toda, mas muitos podem aprender a curtir esta brincadeira. Se seu cachorro tiver medo de água, vá bem devagar ou até mesmo tente outros tipos de brincadeira no lugar desta.

	Brincadeira Interativa **O cão e o dono**
Local	Ao ar livre ou em um cômodo cujo piso seja resistente à água.
Nível de dificuldade	☆☆☆ **Difícil. Bom exercício de raciocínio.**
Acessórios	Piscina plástica infantil ou bacia grande, jarra grande com água, petiscos que afundem, toalha para o cão e um tapete para colocar sob a bacia/banheira, se decidir brincar dentro de casa.

BRINCADEIRAS NA ÁGUA

ARRISCAR UM MERGULHO

Alguns cães adoram água e "mergulharão" sem pestanejar. Entretanto, a maioria dos cachorros precisará ser dessensibilizada quanto à sensação de ter seus principais órgãos dos sentidos – focinho, olhos e, possivelmente, até as orelhas – submersos na água. Neste caso, pode ser mais fácil começar acostumando seu cão a pegar um brinquedo que esteja flutuando.

1. Escolha uma piscina infantil ou uma bacia grande, dependendo do tamanho de seu cão. Coloque-a no chão e despeje água suficiente apenas para cobrir-lhe o fundo. Coloque um petisco que afunda na água e, em seguida, incentive seu cão a pegá-lo.

2. Despeje um pouco mais de água na bacia, devagar, e repita a brincadeira para seu peludo se acostumar a ficar com o focinho cada vez mais molhado. Aumente o nível da água à medida que cresce a confiança de seu cão. Use petiscos bem saborosos para que ele não perca o interesse na brincadeira.

Capítulo 10

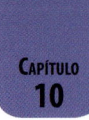

3. Mantenha a brincadeira estimulante provocando seu cãozinho com um brinquedo, que, em seguida, você deve jogar na água. Seu cachorro terá de mergulhar para resgatar seu tesouro submerso.

> **Dica** A menos que seja um dia quente, tome cuidado para que seu cachorro não sinta muito frio. Isso é importante principalmente com relação a cães que não foram criados para ficar perto da água e cuja pelagem oferece pouca proteção contra baixas temperaturas. Seque-o com uma toalha ao final da brincadeira.

A GRANDE CORRIDA AQUÁTICA

Corridas em grupo com amigos e seus cães são excelentes opções de diversão para vocês e seus peludos. Se você dispuser de espaço suficiente, seja criativo e inclua mais alguns obstáculos.

REGRAS BÁSICAS
- Lembre-se de seu treinamento e jamais puxe ou empurre seu cão, ainda que você esteja correndo.
- Cães devem ser elogiados pelo bom comportamento e recompensados com um petisco.

	BRINCADEIRA INTERATIVA
	VÁRIAS DUPLAS DE CÃES E SEUS DONOS
LOCAL	Ao ar livre, com espaço para estacas de *Agility/slalom* ou outros objetos como obstáculos.
NÍVEL DE DIFICULDADE	☆☆☆ **Difícil. Bom exercício de raciocínio.**
ACESSÓRIOS	Bacia com água, copos plásticos, cachorros com coleira e guia, grandes jarras medidoras (uma por pessoa).

Disparada atè a linha de chegada

A maneira mais simples de se fazer esta brincadeira é posicionar alguns cones ou estacas para que cada dupla de dono e cão contorne em zigue-zague com muito cuidado, tentando fazer com que o cão "caminhe tranquilamente" durante o percurso. É claro que, quanto mais o cão puxar ou saltar, mais água será derramada.

Comece colocando sua bacia de água junto à linha de partida. Cada dono deve pegar um copo plástico em uma das mãos e segurar um petisco na outra, se quiser persuadir seu cão a fazer o percurso. Ao sinal da largada, cada dono deve encher seu copo com a água da bacia e começar a corrida.

Os donos devem enrolar a guia de seu cão em uma das mãos, com a qual também segurarão o copo.

Ao alcançar a linha de chegada, o dono deve despejar a água restante em seu copo na jarra que estará ali, à sua espera. Caso vocês estejam brincando como um time de revezamento, a dupla seguinte deve começar nesse instante. Se não for esta a situação, vence a dupla que conseguir transferir mais água da linha de partida à linha de chegada.

CAPÍTULO 11

BRINCADEIRAS PARA CÃES MENOS ATIVOS

Se você estiver lendo este livro e imaginando quais brincadeiras pode fazer com seu cãozinho idoso ou cuja mobilidade esteja prejudicada, então a resposta realmente dependerá do nível de condicionamento e da constituição física de seu peludo. É possível que alguns cães mais velhos sejam incrivelmente ágeis e saudáveis, enquanto a lentidão de outros salte aos olhos. Cães com problemas físicos que limitem sua mobilidade também podem ter dificuldade com algumas das brincadeiras mais dinâmicas. No entanto, existem diversas outras que eles podem fazer, inclusive aquelas relacionadas neste capítulo. É claro que cães com um bom condicionamento físico também podem aprendê-las. Lembre-se de usar recompensas mais apetitosas, bem como sinais e comandos muito claros quando estiver lidando com cães mais velhos que já perderam parte de sua capacidade sensorial.

COMO EQUILIBRAR UM PETISCO EM UMA PATA

Esta é uma brincadeira excelente para cães que ficaram lentos ou cujas condições físicas não lhes permitam mais ficar saltando para lá e para cá (porém, você pode aceitar o desafio de ensiná-la ao seu filhote bagunceiro também, caso tenha um).

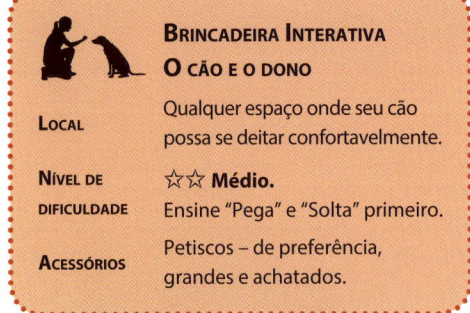

BRINCADEIRA INTERATIVA
O CÃO E O DONO

LOCAL Qualquer espaço onde seu cão possa se deitar confortavelmente.

NÍVEL DE DIFICULDADE ☆☆ **Médio.** Ensine "Pega" e "Solta" primeiro.

ACESSÓRIOS Petiscos – de preferência, grandes e achatados.

DICA É importante que seu cão atenda corretamente aos dois comandos: "Pega" e "Solta". Se necessário, volte às páginas 76 e 77 para uma revisão.

COMECE A BRINCADEIRA EQUILIBRANDO UM PETISCO

1. Peça a seu cão que se deite. Coloque, com bastante cuidado, um petisco sobre uma de suas patas da frente. Tire-o, caso ele tente pegar o alimento. Diga "Solta" enquanto você coloca o petisco sobre sua pata. Passado um instante, diga "Pega" e elogie-o. Como você já tinha dito antes para não pegar o petisco, seu cãozinho pode hesitar. Neste caso, encoraje-o, pegando o petisco e oferecendo-o a ele. Então, aos poucos, vá aumentando o tempo que seu peludo tem de esperar antes de você dizer "Pega".

2. Torne esta brincadeira mais avançada colocando um petisco na outra pata de seu cãozinho e repetindo a lição. Quando ele conseguir realizá-la separadamente com cada pata, tente colocar um petisco nas duas ao mesmo tempo. Nunca se esqueça de dizer "Pega" no momento certo.

3. O principal objetivo desta brincadeira é ensinar seu cão a pegar os petiscos na ordem que você indicar, por exemplo, "Esquerda e Direita".

4. Coloque um petisco sobre as duas patas da frente de seu cachorro. Direcione a atenção dele para o petisco em sua pata esquerda, apontando-o bem de perto enquanto diz "Esquerda – Pega".

Pratique um lado por vez (usando o comando "Direita – Pega" para a pata direita), de modo que ele consiga aprender a palavra que indica cada um dos lados. Facilite as coisas indicando à qual pata você se refere nas etapas iniciais. Se ele tentar pegar o outro petisco, diga "Solta". Pratique até que ele atenda corretamente e pareça distinguir sua esquerda de sua direita.

Capítulo 11

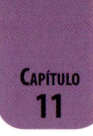

Equilibre um petisco no focinho

Esta é uma brincadeira divertida que não exige nenhum esforço de seu cão, apenas autocontrole e atenção aos seus comandos. Seu cachorro deve equilibrar o petisco sobre o focinho até que você diga "Pega".

	Brincadeira Interativa **O cão e o dono**
Local	Qualquer lugar confortável.
Nível de dificuldade	☆☆☆ **Difícil. Bom exercício de raciocínio.** Ensine bem o comando "Sentado" primeiro.
Acessórios	Petiscos (será mais fácil se forem grandes e achatados).

A grande façanha equilibrista

1. Peça para seu cão sentar à sua frente. Você pode ficar sentado ou de pé, dependendo do tamanho de seu cachorro. Segure suavemente o focinho de seu peludo com uma das mãos, posicionando o petisco sobre ele com a outra. Dependendo do formato do rosto de seu cão, o melhor local de equilíbrio pode ser qualquer ponto ao longo do focinho. Assim que ele deixar que o petisco toque o focinho, tire-o e peça a ele para pegá-lo.

2. Na tentativa seguinte, deixe que o petisco fique um instante a mais sobre o focinho de seu cão antes de dá-lo como recompensa. (Nesta etapa, você ainda estará mantendo o focinho de seu peludo estabilizado, segurando-o suavemente com uma das mãos.) Comece a indicar a pausa erguendo o dedo indicador, de forma muito parecida com aquela como você sinaliza a seu cão que "Espera" ou "Fica". No início, sua mão deve ficar bem perto do focinho de seu cachorro.

3. De forma muito gradual, aumente o tempo de permanência do petisco sobre o focinho e afaste-se, aos poucos, de seu cachorro. Após cada pausa, dê o comando "Pega". Alguns cães abaixarão o focinho, ao passo que outros jogarão a cabeça para trás para pegar o alimento. As duas formas estão corretas. Continue praticando para que você consiga se afastar de seu cachorro depois de fazer com que ele equilibre o petisco. Em seguida, diga: "Pega".

Cãozinho tímido

O objetivo desta brincadeira é ensinar seu cão a colocar a pata sobre o focinho, como se estivesse envergonhado ou escondendo a cara. É um gesto fofo, além de ser mais uma atividade a acrescentar ao repertório de seu peludo.

> **Brincadeira Interativa**
> **O cão e o dono**
>
> **Local** — Qualquer lugar onde seu cão se sentir à vontade.
>
> **Nível de dificuldade** — ☆☆ **Médio**
>
> **Acessórios** — *Post-its* pequenos (ou grandes, cortados em tiras) e petiscos.

Crie uma situação incômoda

1. Comece fazendo com que seu cão fique sentado à sua frente. Grude, com delicadeza, um dos *post-its* na parte de cima de seu focinho.

2. A maioria dos cachorros levará uma pata ao focinho para tentar tirar o adesivo. Quando seu peludo o fizer, elogie e dê um petisco. (Caso ele tire o *post-it*, não se preocupe, pois você poderá usar outro da próxima vez.)

> **Dica** Nunca use uma fita muito adesiva, que venha a puxar os pelos de seu cão quando removida. Isso fará com que ele perca o interesse em aprender esta brincadeira.

3. Repita esta parte até seu cão fazer um movimento mais definido, erguendo a pata diretamente sobre o focinho. Nesse ponto, você pode apresentar a palavra de comando, "Tímido". Pratique até seu cachorro associar a palavra de comando à ação.

Aos poucos, reduza o tamanho do *post-it* até seu cão não precisar mais deste estímulo e conseguir responder a sua palavra de comando pura e simples. Pergunte-lhe, "Você é tímido?", e ele provavelmente responderá com sua pose de acanhamento máximo.

Capítulo 12

BRINCADEIRAS DE PROCURAR

Se você tiver um cão com um forte impulso de procurar coisas, talvez queira incentivá-lo a se divertir com brincadeiras que direcionem esses instintos. O segredo é ir com calma para que ele compreenda cada uma das etapas da brincadeira antes de você avançar. Cada cachorro terá sua própria técnica de procura; portanto, observe-o e tire partido de suas habilidades.

	BRINCADEIRA INTERATIVA O CÃO E O DONO
LOCAL	Em uma área com poucas distrações.
NÍVEL DE DIFICULDADE	☆☆ Médio
ACESSÓRIOS	Petiscos e pelo menos três vasinhos de plantas.

ENCONTRE O BRINQUEDO ESCONDIDO
1. Enquanto seu cãozinho observa, coloque um petisco ou brinquedo embaixo de um vasinho, virado de cabeça para baixo. Incentive seu peludo a aproximar-se dele. É provável que, primeiro, ele cheire o vasinho. Tente esperar até ele bater no vasinho com a pata e, então, elogie-o e desvire o vaso.

2. Inclua um segundo vasinho, este vazio, e diga para seu cão escolher aquele que esconde o petisco. Incentive-o a utilizar seu faro trocando a posição dos vasinhos. Você pode apresentar sua palavra de comando neste ponto. Algumas pessoas optarão por "Acha", enquanto outras talvez prefiram usar um comando novo.

3. Acrescente mais um vasinho vazio e repita a prática até que seu cão se sinta confiante ao se aproximar e tocar o vasinho para ganhar seu petisco.

4. Se seu peludo escolher o vasinho errado, não faça nada. Ele aprenderá que pode ganhar a recompensa apenas quando escolher o vasinho que esconde o petisco.

Visão canina ultrarrápida

Versão Avançada

Em vez de fazer seu cão escolher entre alguns vasinhos, esconda o petisco dentro de um recipiente para alimentos que possa ser lacrado. Quando você apresentar o recipiente, coloque a tampa sobre ele, mas não o lacre. Deixe seu cachorro se aproximar dele e cutucá-lo com a pata. Assim que ele o fizer, elogie, abra a tampa e dê o petisco. Então, passe a praticar com a vasilha totalmente lacrada, o que dificultará (embora não impedirá) que seu cão detecte o cheiro. Aos poucos, inclua outras vasilhas. Todas devem estar lacradas, mas apenas uma conterá o alimento. Se forem transparentes, esconda o petisco dentro de alguma embalagem de papel e coloque outras embalagens semelhantes dentro de cada uma das demais vasilhas. Elas terão a mesma aparência, mas apenas uma conterá o prêmio.

Capítulo 12

Ele ficará bastante motivado com a possibilidade de ganhar algo gostoso.

Petiscos em lugar de brinquedos

1. Você pode fazer uma variação divertida desta brincadeira com petiscos apetitosos em lugar de brinquedos. Primeiro, mostre o petisco a seu cão e deixe que ele o cheire.

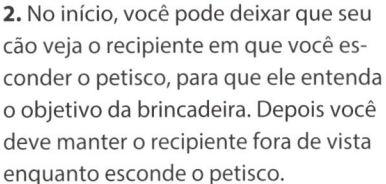

2. No início, você pode deixar que seu cão veja o recipiente em que você esconder o petisco, para que ele entenda o objetivo da brincadeira. Depois você deve manter o recipiente fora de vista enquanto esconde o petisco.

Apesar de totalmente lacrado com a tampa, o cão "farejou" o recipiente certo.

3. Se ele escolher o recipiente certo, elogie e, em seguida, abra a vasilha para deixar ele comer o petisco (como abaixo).

4. Quando você estiver manuseando os recipientes, tome o cuidado de não tocar os vazios se você esteve segurando petiscos. Se você deixar qualquer cheiro em uma vasilha vazia, seu cão pode ficar confuso quando você lhe disser que ele escolheu a vasilha errada.

Longe dos olhos, mas não da mente

Depois que seu cão tiver aprendido a correr atrás dos brinquedos que você jogar, pegá-los e trazê-los de volta, vale a pena propor um desafio extra. Isso é interessante principalmente para raças de cães trabalhadores, com fortes impulsos de procura. Posicione-se em um lugar onde haja uma barreira (por exemplo, alguns arbustos ou uma cerca viva) entre você e uma área aberta para onde seja seguro seu cão correr em busca do brinquedo. Se você não tiver uma barreira adequada, crie uma: erga um quebra-ventos ou pendure um lençol entre duas cadeiras.

> **Brincadeira Interativa**
> **O cão e o dono**
>
> **Local**: Uma área segura ao ar livre ou seu jardim ou quintal.
>
> **Nível de dificuldade**: ☆☆☆☆ **Avançado.** Ensine bem o comando "Busca" primeiro.
>
> **Acessórios**: Um brinquedo para seu cão buscar e petiscos.

Corra lá pra trás

1. Coloque-se diante da barreira, depois de ver se não há nada perigoso ou que possa ferir seu cão atrás dela.

Se você quiser fazer esta brincadeira na segurança de seu jardim ou quintal, é sempre possível criar uma barreira com um cobertor e alguns suportes.

Cães que gostam de correr atrás das coisas vão adorar a dinâmica de ir buscar o brinquedo e trazê-lo, exigida por esta brincadeira.

2. Fique a uma curta distância (dois a três metros) da barreira. Você pode deixar seu cachorro na coleira com guia ou em uma posição do tipo "Sentado e quieto". Mostre o brinquedo a seu peludo e, então, jogue-o, de maneira que caia atrás da barreira, fora do campo de visão.

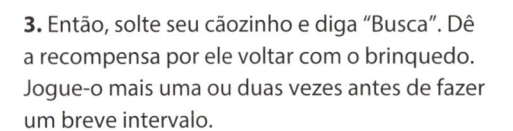

3. Então, solte seu cãozinho e diga "Busca". Dê a recompensa por ele voltar com o brinquedo. Jogue-o mais uma ou duas vezes antes de fazer um breve intervalo.

Ele correrá para trás da barreira em busca do brinquedo.

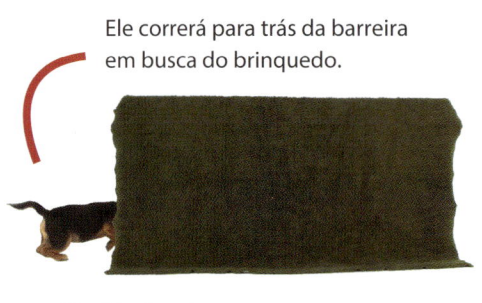

Você terá mais sucesso se usar um brinquedo que seu cachorro tenha muita motivação para buscar.

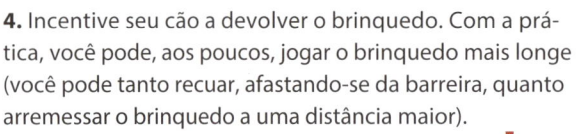

4. Incentive seu cão a devolver o brinquedo. Com a prática, você pode, aos poucos, jogar o brinquedo mais longe (você pode tanto recuar, afastando-se da barreira, quanto arremessar o brinquedo a uma distância maior).

5. Em seguida, comece a aumentar o tempo entre o lançamento do brinquedo e o momento em que você solta seu peludo para ir buscá-lo.

Você deve fazer com que ele devolva o brinquedo de maneira gentil e obediente para continuar a brincadeira.

6. Brincar com duas bolinhas ao mesmo tempo oferece um desafio adicional a esta brincadeira divertida e muito dinâmica. É também uma ótima maneira de ter certeza de que seu cão está fazendo um exercício benéfico.

Dica Você pode tornar esta brincadeira ainda mais interessante arremessando dois brinquedos ao mesmo tempo e pedindo para seu cão trazer os dois de volta a você – não importa se de uma só vez, caso sejam pequenos e possam ser pegos ao mesmo tempo com facilidade, ou um após o outro. Seu cãozinho deve se acostumar primeiro a buscar os dois objetos e levá-los até você.

Capítulo 12

Vai buscar...

Esta brincadeira é um desafio e, ao mesmo tempo, pode ter uma função muito útil. Embora qualquer um possa se beneficiar desta atividade, ela tem relevância principalmente para donos com dificuldades de locomoção, surdos ou com problemas auditivos que não lhes permitem ouvir o chamado de seus familiares. O restante de nós pode lançar mão dela quando estiver com aquela preguicinha.

Brincadeira Interativa
O cão e duas pessoas

Local: Dentro de casa, utilizando todo o espaço.

Nível de dificuldade: ☆☆☆☆ **Avançado.** Ensine bem o comando "Busca" primeiro.

Acessórios: Ensine seu cão a atender prontamente ao seu chamado e escolha um toque de alerta.

Parte 1

1. Escolha a pessoa mais adequada para seu cão "Buscar". Quando seu cachorro tiver alcançado bons resultados nesta brincadeira, você conseguirá escolher mais uma pessoa para seu peludo "Buscar". Neste exemplo, Ann mandará seu cãozinho buscar Claire.

2. Ann deve segurar seu cachorrinho pela coleira com delicadeza. Claire deve provocá-lo com um brinquedo e, então, correr para o outro lado do cômodo. O que se espera é que o cão tente segui-la. Neste ponto, Ann deve dizer "Busca Claire" e soltar o cãozinho, elogiando e o recompensando muito bem por correr até Claire.

O cão deve ser solto quando Claire já estiver um pouco afastada.

3. Continue a prática desta brincadeira por muitas sessões. Claire deve sempre se afastar um pouco mais, passando, em seguida, a outro cômodo. Além disso, é importante que ela incentive o cãozinho a correr para onde está, apertando brinquedinhos de apito, bem como utilizando sua voz. O êxito tem de ser sempre recompensado. Com a prática, Ann conseguirá fazer com que seu cão percorra a casa inteira em busca de Claire.

Capítulo 12

Parte 2

Quando Claire for encontrada, é útil que o cachorrinho chame sua atenção, para que ela saiba que está sendo procurada. Do contrário, haverá o risco de que ela ignore o cão e não receba o recado.

O ato de chamar a atenção pode assumir várias formas. Sua escolha dependerá de seu cão e de suas próprias preferências pessoais. Você pode optar por um cutucão com o focinho, um toque com a pata, saltos ou qualquer outro comportamento que seu cão tenha facilidade de realizar. O toque com a patinha costuma ser muito usado.

Antes de continuar a brincadeira, Claire deve pedir que o cãozinho a toque com a pata ("Patinha – Toque") algumas vezes. Petiscos muito apreciados garantirão o entusiasmo do peludo para realizar o "toque" durante a agitação da brincadeira "Busca".

É importante voltar uma etapa na brincadeira, facilitando-a, para que a tarefa extra não pareça demasiada para o cão. Agora, quando ele encontrar Claire, ela deve incentivá-lo a tocá-la com a patinha antes dos elogios e recompensas.

Será necessário praticar a sequência durante várias sessões.

> **Dica** Neste estágio, as pessoas podem aproveitar esta brincadeira para enviar recados entre si, caso estejam trabalhando em diferentes cômodos da casa, por exemplo. Prenda um bilhete na coleira de seu cão antes de mandá-lo encontrar a outra pessoa.

Muito bem! Hora do petisco...

Parte 3

Na parte final desta brincadeira genial, Ann deve incentivar seu cãozinho a voltar até ela, trazendo Claire consigo. Uma vez mais, é aconselhável voltar a um nível mais fácil da atividade até que este elemento tenha sido incluído com sucesso.

Ann deve esperar que seu peludo dê o sinal de alerta a Claire para, em seguida, chamá-lo ou apertar um brinquedo de apito para que ele volte. Ela também deve encorajá-lo com uma voz cheia de animação. Claire deve acompanhá-lo de volta ao local onde Ann está e, então, recompensar o cãozinho.

Com prática suficiente, é provável que seu cachorro consiga correr para "buscar" a pessoa que você quer e, em seguida, voltar até você para receber a recompensa. Aplique essas regras independentemente de quem esteja trabalhando com seu cão.

Capítulo 13

Brincadeiras de Poltrona

Embora diversas brincadeiras exijam muita atividade tanto do dono quanto do cão, há uma gama delas que são mais adequadas para donos menos ativos ou para aqueles que estejam adoentados ou talvez apenas exaustos depois de experimentar todas as outras brincadeiras dinâmicas deste livro!

Lembre-se de que o estímulo mental é tão importante quanto a atividade física. Portanto, dedique algum tempo para incentivar seu cão a aprender algumas destas novas atividades. Pode ser que você também acabe por considerá-las úteis.

Toque com a patinha

Se você gostar da técnica de fazer com que seu cão toque um objeto específico (como mostrado no capítulo 5), então você pode utilizá-la para ensinar algumas das Brincadeiras de Poltrona. Você precisará de um bastão-alvo, que é basicamente um bastão com um marcador esférico na ponta. Eles podem ser comprados ou feitos em casa e funcionam como uma extensão de seu braço, facilitando muitas manobras. É possível usar apenas as mãos, mas você não conseguirá alcançar tão longe e também terá de se abaixar.

Primeiro, ensine o toque de focinho
1. Ensine seu cão a tocar o bastão-alvo com o focinho, como explicado no capítulo 5. Você deve recompensá-lo sempre que ele tocar a ponta do bastão com o focinho. Faça isso no momento correto, caso contrário, você correrá o risco de recompensá-lo acidentalmente por morder ou lamber o bastão, o que retardará seu progresso.

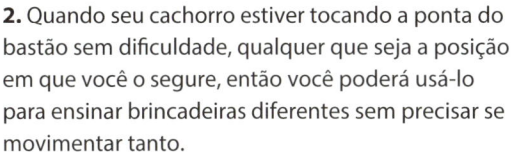

2. Quando seu cachorro estiver tocando a ponta do bastão sem dificuldade, qualquer que seja a posição em que você o segure, então você poderá usá-lo para ensinar brincadeiras diferentes sem precisar se movimentar tanto.

Os bastões-alvo costumam ser telescópicos, de modo que você pode ajustar seu comprimento.

Seu objetivo é fazer com que seu cão toque a extremidade do bastão, qualquer que seja a altura em que você o mantém.

Como vai você?

Incentivar seu cão a se curvar é bastante fácil, visto que todos os cachorros adotam tal postura quando querem brincar e até mesmo ao alongar a coluna.

Brincadeira Interativa
O cão e o dono

Local	Qualquer lugar onde seu cão se sentir à vontade.
Nível de dificuldade	☆☆ Médio
Acessórios	Petiscos e um bastão-alvo.

Curve-se, por favor
1. Comece fazendo com que seu cão se aproxime de você. Dê um tempo para que ele se acostume a tocar o bastão-alvo com o focinho.

Dica Seja rápido ao recompensar, pois, se você esperar tempo demais, seu cão provavelmente abaixará à postura "Deitado".

Dica Você também pode usar seu bastão-alvo para ensinar seu cachorro a rodopiar e a dançar (capítulo 15).

2. Então, devagar, baixe o bastão da altura do focinho dele à região entre suas patas. Para tocar o marcador de maneira confortável, seu cão terá de se curvar. Assim que ele o fizer, elogie e dê a recompensa.

A ação de seguir o bastão-alvo para baixo fará com que seu cão se curve.

Saltar um obstáculo

Se seu cão já for adulto e estiver com um bom condicionamento físico, é possível ensiná-lo a saltar mesmo que você não tenha condições de se levantar e caminhar com ele. Isso é muito mais fácil com cães de pequeno a médio porte, pois eles conseguem se locomover em espaços menores.

Brincadeira Interativa
O cão e o dono

Local	Onde seu cão se sentir à vontade e tranquilo, mas com espaço suficiente para que ele tome impulso para o salto e volte ao chão.
Nível de dificuldade	☆☆ Médio
Acessórios	Uma bengala e petiscos. Você pode precisar de um apoio para os pés.

Use as mesmas técnicas descritas em Salto (veja o capítulo 4) valendo-se de uma bengala ou de suas pernas estendidas para a frente para compor o primeiro nível da ação. Continue praticando até ele conseguir pular seus pés ao seu comando. A maneira mais fácil de fazer isso é descansar seus pés ou a extremidade da bengala sobre um apoio. Esta brincadeira é uma forma fácil de incentivar seu cão a ficar ativo mesmo naqueles dias em que você não consegue se levantar e caminhar.

Quando estiver brincando com um cão pequeno, o salto deve ser sempre baixo.

Saltar por sobre uma perna

1. Para fazer com que seu cachorro se acostume à brincadeira, você pode começar simplesmente persuadindo-o a passar por cima de sua perna estendida.

Segurar um petisco em sua mão é um estímulo eficaz.

2. Quando ele aprender a fazer isso e ganhar confiança, incentive-o a ir mais rápido e de fato dar um pequeno salto para não tocar a perna.

175

Capítulo 13

SALTAR POR SOBRE UMA BENGALA

1. Caso você se canse de manter a perna estendida, pode usar uma bengala ou um bastão resistente. Isso também tem a vantagem de evitar riscos de pancadas e contusões na hipótese de seu cão calcular mal o salto. Como em todas as brincadeiras que envolvem saltos, deixe as áreas para tomada de impulso, salto e volta ao chão livres e veja se não estão escorregadias.

2. Tente fazer com que seu cão salte com a mesma confiança saindo dos dois lados da bengala. Deste modo, você evita favorecer um lado em detrimento do outro. Você também pode aumentar, aos poucos, a altura do salto. Mas seja realista quanto ao que é prudente.

A extremidade da bengala pode ser elevada do chão aos poucos, rumo à posição horizontal.

ELEVE O OBSTÁCULO
Depois que seu cão se mostrar perito em saltar por sobre sua perna quando seu pé está apoiado no chão, é hora de dificultar o desafio! Encontre um apoio para pés ou coloque um cesto de lixo de ponta-cabeça e descanse seu pé sobre ele. Agora, você tem uma barreira e tanto para desafiar seu cão.

> **DICA** Se você tiver um cachorro muito grande, não é aconselhável usar suas pernas como barras para saltos, por conta do risco de que, ao voltar, ele acidentalmente caia sobre você. Em vez disso, use uma bengala, uma vara de bambu ou um guarda-chuva.

UM LENÇO AO ESPIRRAR

Comece deixando seu cão contente ao buscar e entregar-lhe um lenço, de tecido ou papel.

A maioria dos cães adora esta brincadeira, pois é a única oportunidade em que têm permissão de tocar em lenços! Faça a seguinte prática: peça ao seu peludo que pegue um lenço deixado no chão. Nas etapas finais desta brincadeira, pode ser muito útil fazer um gesto com a mão em direção ao lenço quando você pedir para seu cachorro pegá-lo.

	BRINCADEIRA INTERATIVA **O CÃO E O DONO**
LOCAL	Sua casa.
NÍVEL DE DIFICULDADE	☆☆☆☆☆ **Avançado.** Ensine bem o comando "Busca" primeiro.
ACESSÓRIOS	Uma caixa de lenços de papel ou um lenço de tecido e petiscos.

Capítulo 13

O objetivo desta brincadeira é ensinar seu cão a pegar um lenço quando ouvir o som de um espirro: "Atchim".

Comece com um lenço colocado sobre a caixa.

Esconda alguns petiscos na mão para recompensar seu cachorro quando ele pegar corretamente o lenço.

Você pode associar um gesto ao som do espirro.

Que tal um lencinho?

1. Quando seu cão já conseguir pegar um lenço do chão, passe a colocar um em cima da caixa de lenços e pratique sua habilidade de pegá-lo nesta nova posição. Uma vez que ele tenha aprendido a pegar um lenço apenas quando ouvir o comando verbal "Pega Lenço", você pode começar a usar uma caixa de lenços aberta. (Antes disso, deixe-os fora do alcance de seu peludo entre as sessões de treino, do contrário, você poderá acabar encontrando lenços espalhados por toda a parte.)

2. A seguir, você deve introduzir sua palavra de comando ou "som", que, neste caso, pode ser o som de um espirro ou "Atchim!". Emita o som imediatamente antes de dizer o comando "Lenço". Se seu cachorro estiver atendendo bem a seu gesto com a mão, você pode emitir o novo som e fazer o gesto ao mesmo tempo. De uma forma ou de outra, seu cão começará a associar a ação de pegar um lenço com o som do espirro. Dê uma boa recompensa sempre que ele lhe trouxer o lenço.

3. Feita a associação, seu cão conseguirá prever o que tem de fazer assim que ouvir o som "Atchim!". Seus elogios e recompensas consolidarão a resposta. O principal objetivo desta brincadeira é fazer com que seu cão corra para pegar um lenço assim que ouvir você espirrar quando estiver realmente resfriado. Incrível!

Faça suas orações

Este é um truque bonitinho que a maioria dos cães pode aprender se você for paciente. Incentive seu cão a se aproximar de você e sentar ao seu lado. Segure um petisco na altura de seu focinho e erga-o devagar, de modo que seu peludo tenha de se aprumar para segui-lo. Quando estiver sobre os quadris, o cãozinho deve levantar as duas patas da frente e apoiá-las em seu braço, perna ou cadeira.

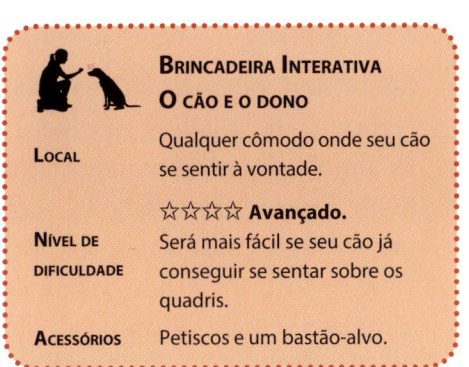

> **Brincadeira Interativa**
> **O cão e o dono**
>
> **Local** — Qualquer cômodo onde seu cão se sentir à vontade.
>
> **Nível de dificuldade** — ☆☆☆☆ **Avançado.** Será mais fácil se seu cão já conseguir se sentar sobre os quadris.
>
> **Acessórios** — Petiscos e um bastão-alvo.

O próximo passo é fazer com que seu cão abaixe a cabeça, o que torna este truque tão meigo. Quando seu cachorro estiver sentado e aprumado, com as patas dianteiras sobre seu braço, perna ou cadeira, segure o bastão-alvo de modo que ele tenha de abaixar um pouco a cabeça, entre as patas, para tocá-lo com o focinho. Continue praticando, abaixando gradativamente a ponta do bastão para que a cabeça de seu cachorro chegue à posição desejada.

É assim que deve ser a postura final do truque.

Treine até seu cão realizar o truque com facilidade. Apresente sua palavra de comando "Reza" e recompense-o muito bem pelo êxito. Vá aumentando em alguns segundos o tempo pelo qual ele tenha de permanecer na posição até ele conseguir se manter nela de forma satisfatória.

Por fim, você não precisará mais usar o marcador, pois seu cão estará abaixando a cabeça sem a ajuda dele.

Traz a vasilha

Esta é uma extensão do comando "Procura", no qual seu cão procura um objeto que você indica pelo nome. É claro que seu cachorro sempre saberá onde fica sua vasilha; portanto, as chances de ele se confundir são menores aqui. Além disso, seu peludo já terá feito associações agradáveis com a vasilha, visto que seu alimento diário é servido nela.

Primeiro, veja se seu cão conseguirá pegar a vasilha. Muitas delas têm lados curvos ou um formato que dificulta ou impede que o cão as levante. No entanto, com prática, a maioria dos cachorros ganha confiança e consegue fazer isso. Se a vasilha for muito difícil de pegar, comece com uma versão mais fácil e leve.

	Brincadeira Interativa O cão e o dono
Local	Qualquer cômodo onde seu cão se sentir à vontade.
Nível de dificuldade	☆☆☆ Difícil. Bom exercício de raciocínio. Você vai precisar dos comandos "Busca" e "Leva".
Acessórios	A vasilha de seu cão e petiscos.

Pegue a vasilha da mão

1. Comece atraindo a atenção de seu cachorro. Estenda-lhe a vasilha e incentive-o a pegá-la de você. Quando ele fizer isso com a boca, elogie e dê a recompensa. No início, deixe-o segurá-la por apenas alguns segundos.

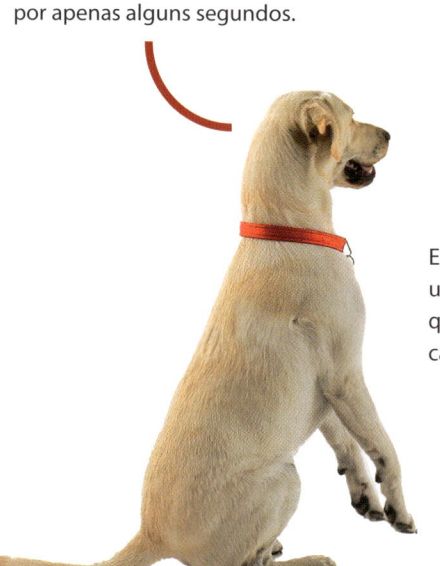

Esta vasilha plástica tem um formato adequado, que facilita que o cão a carregue.

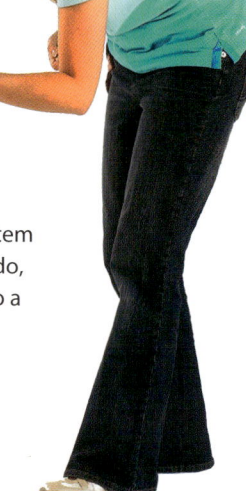

2. Aos poucos, aumente o tempo no qual seu cão tem de segurar a vasilha antes de dar a recompensa. Quando ele estiver segurando com facilidade, comece a incentivá-lo a levá-la até você.

3. Estenda a vasilha a seu cachorro e, quando ele a pegar, dê alguns passos para trás. Incentive-o a levá-la até você e recompense-o por fazer isso. Repita o treino até que seu cão consiga levar a vasilha até você com segurança a partir de um lugar cada vez mais próximo ao local onde ela costuma ficar.

Dica Não é uma boa ideia pedir que seu cão levante uma vasilha de cerâmica, pois ela pode quebrar facilmente se derrubada em um chão duro.

Capítulo 13

Pegar a vasilha do chão

1. Agora que seu cão já sabe como segurar, carregar e devolver a vasilha, ele está pronto para aprender a pegá-la sozinho.

2. Coloque a vasilha no chão e incentive seu cachorro a pegá-la, dizendo "Pega". Assim que ele o fizer, elogie e recompense. Pratique até que você tenha certeza de que ele fica feliz em pegar a vasilha quando você o pede.

Busca e leva

Quando seu cão conseguir realizar cada parte desta brincadeira, é chegado o momento de reuni-las. Peça ao seu cão para pegar a vasilha e, então, incentive-o a levá-la até você. Agora que a atividade está completa, introduza seu comando verbal. Você pode escolher uma palavra como "Vasilha", mas talvez seja mais divertido optar por "Fome". Diga a nova palavra imediatamente antes de dizer o antigo comando "Busca". Uma vez que ele tenha feito a associação com o comando novo, você pode abandonar o antigo.

Mudando canais

Todos nós já passamos pela situação de sentar confortavelmente na poltrona e, então, perceber que o controle remoto da tevê ficou do outro lado da sala. Sendo assim, por que não dar uma tarefa para seu cachorro, ensinando-o a pegar o controle remoto para você?

Brincadeira Interativa
O cão e o dono

Local
Em geral, na sala ou área de estar de sua casa, onde você assiste tevê.

Nível de dificuldade
☆☆☆ **Difícil. Bom exercício de raciocínio.**
Ensine primeiro os comandos "Procura" e "Busca".

Acessórios
Um controle remoto velho de televisão, sem as pilhas, e petiscos. Ao final do treino, um controle remoto que funcione.

Introduza a palavra de comando

1. Introduza as palavras de comando "Controle Remoto", dizendo-as imediatamente antes do comando original "Procura". Após repeti-las bastante, seu cão passará a adivinhar qual é a brincadeira assim que ouvir o novo comando.

2. Feita a associação, você pode abandonar o antigo comando "Procura".

Pegue o controle remoto

1. Comece pedindo a seu cachorro que "Pegue" o controle remoto de sua mão. Elogie e recompense por segurá-lo com a boca.

2. Quando seu cão estiver contente em pegar o controle, comece a usá-lo para brincar de "Procura". Deixe seu peludo ver você colocar o controle em lugares diferentes e, então, mande que ele vá encontrá-lo.

3. Dê-lhe uma boa recompensa por encontrar o controle. Continue praticando até você ter certeza de que seu cãozinho consegue encontrar e levar o controle remoto até você sempre que o pedir.

Faça com que ele entregue o controle em sua mão.

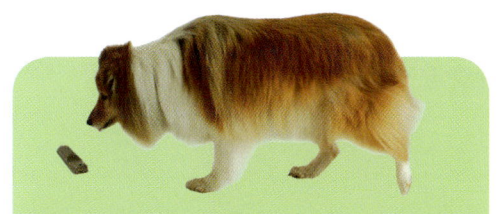

Dica Enquanto estiver ensinando esta nova brincadeira, mantenha seu controle remoto de uso em um lugar seguro, longe de seu cão, até você ter certeza de que ele não ficará brincando de mordê-lo. Ao fazer a mudança para o controle remoto de uso, tome a precaução de passar uma fita adesiva em volta do compartimento de pilhas, para evitar que, por acidente, seu cão tenha contato com elas e até mesmo as engula.

Dica de segurança
É importante começar o treinamento com um controle remoto velho que esteja sem as pilhas. Isso porque seu cão pode ficar entusiasmado demais no início e você precisa ter certeza de que ele não correrá riscos quando a brincadeira for "pra valer". Quando seu peludo tiver aprendido que ele deve levar o controle remoto até você apenas quando solicitado e você tiver certeza de que ele não ficará brincando com o objeto, então você pode trocar o controle velho por um controle remoto em funcionamento.

Brincadeiras para Raças Específicas

Terriers

A maioria dos *terriers* ainda conserva seus instintos ancestrais de "entrar em tocas". A palavra *terrier* de fato deriva da palavra latina *terra*, solo; então, estes são literalmente "cães da terra". Embora as pessoas criem *terriers* sobretudo como animais de estimação nos dias de hoje, eles ainda são conhecidos por seus elevados níveis de vivacidade, por sua natureza extrovertida e, por vezes, destemida, e pela tenacidade de seu caráter.

Se você possui um *terrier*, provavelmente conhece essas características e sabe que precisa ter muito mais cuidado em caminhadas campestres, visto que seu cãozinho pode, de repente, enfiar-se na toca de algum animal. Entretanto, existem maneiras seguras de satisfazer os impulsos naturais de seu cachorro sem correr riscos e sem que qualquer outro animalzinho saia ferido.

Se houver espaço em seu jardim ou quintal, você pode criar seu próprio sistema de túneis, que pode ser simples ou complicado, à sua escolha. Tubulações maiores podem ser compradas nas lojas locais de materiais para construção ou de equipamentos para encanamento. Talvez você também consiga encontrar canos reciclados, porque não terá necessidade de muitos. Os canos devem ser grandes o suficiente para que seu cão caminhe com facilidade em seu interior. Não se arrisque a usar um de diâmetro pequeno demais, pois é importante que seu cão consiga passar por dentro dele sem qualquer perigo de ficar preso.

Muitas pessoas conseguem incentivar seu cão a se divertir apenas colocando os canos no chão e instigando o animalzinho a correr por dentro deles, como descrito na brincadeira da Corrida do Túnel. Porém, donos que queiram uma atividade mais

Utilize um cano largo o suficiente para que seu cão consiga correr por dentro dele.

Entrando pelo cano
Pequenos *terriers* adoram a ideia de passar por túneis estreitos em busca de uma presa. Você pode aproveitar este instinto para fazer brincadeiras de perseguição que incentivem seu cachorro a correr por dentro de um cano.

intensa para *terriers* podem dedicar algum tempo para fazer túneis parcialmente enterrados.

Se você quiser enterrar os canos, precisará levar em conta sua localização. Caso seu jardim ou quintal esteja abaixo do nível do lençol de água, você corre o risco de inundá-lo. Se você mora em uma área onde existam cobras venenosas ou outros animais perigosos que possam se esconder nos túneis, você deve tomar o cuidado de tampar suas extremidades depois de terminar a brincadeira.

Amarre um cordão comprido a um brinquedinho de pelúcia.

Passe esse cordão por dentro do cano, deixando a extremidade com o brinquedo exposta junto à entrada. O cordão deve atravessar todo o túnel e estender-se para além da saída, de modo que você possa segurá-lo e puxá-lo de uma distância razoável.

Quando seu cão se aproximar do duto, puxe o cordão o mais rápido que puder, para o brinquedo entrar no túnel. Continue puxando, de maneira que seu cãozinho tenha de correr pelo duto e sair do outro lado para pegar o brinquedo. Se você prender o brinquedo à linha de um molinete, talvez consiga puxar o brinquedo pelo túnel com maior facilidade e rapidez.

Se seu peludo adorar esta brincadeira, você deve avaliar a possibilidade de participar de um grupo de "cães da terra", que dispõe de arranjos de túneis muito mais interessantes, além do elemento da competição, o que torna a atividade ainda mais estimulante para todos (veja o capítulo 16).

Farejadores [Scenthounds]

Os farejadores têm uma capacidade incrível de detectar odores mínimos. Suas fossas nasais são especialmente dotadas de uma enorme quantidade de receptores olfativos. O corpo dos farejadores também é adaptado para aumentar ao máximo sua habilidade de perceber odores. Eles costumam ter orelhas mais compridas e pele facial solta ou flexível, o que ajuda a direcionar o odor às narinas do cão. Muitos donos de farejadores precisam fazer um grande esforço para manter seu cão atento a eles durante passeios, pois o peludo pode se concentrar facilmente no rastro de um odor que seu dono não sente e sair em disparada, seguindo-o.

Crie seus próprios rastros de odores para estimular seu peludo. Cada cão terá uma maneira um pouco diferente de seguir um odor. Como detetives amadores, você e seu cachorro conseguirão seguir um odor mais forte com sucesso.

Você pode começar em seu próprio jardim, quintal ou em uma área a céu aberto com poucas distrações. Inicie com rastros muito simples até seu cão entender a brincadeira. Em seguida, você pode passar a terrenos mais variados, inclusive com grama alta e sobre o asfalto, para despertar maior interesse.

Capítulo 14

Crie um rastro usando alimentos de odor forte, tais como sobras de carne, peixe ou queijo, colocadas dentro de uma meia-calça velha. Você mesmo pode percorrer a trilha que quer criar antes de levar seu cão para fora ou pedir que um amigo o faça alguns minutos antes de você sair com seu cão, sempre arrastando a meia-calça pelo chão enquanto caminha.

Prenda a guia à coleira de seu cão. O ideal é que seja uma coleira peitoral, para impedir qualquer pressão no pescoço de seu cachorro enquanto ele segue o odor. Se seu peludo for sempre bem-comportado ao andar com coleira e guia, use a coleira peitoral apenas para brincadeiras que envolvem cheiros, para que ele se sinta livre para puxá-la e para que não haja prejuízo a seu treino de mantê-lo junto aos seus pés.

Quando seu cão estiver seguindo o rastro por si mesmo, você pode incentivá-lo com um comando como "Fareja". Elogie e o encoraje durante o trajeto, deixando-o encontrar uma recompensa muito apetitosa ao final do percurso, o que o manterá entusiasmado.

> **Dica** A sensibilidade extraordinária que os farejadores têm de detectar odores apresenta uma desvantagem: pode ser difícil mantê-los atentos durante o treinamento caso se distraiam com um odor no ar. Usar petiscos de sabor/cheiro forte ajuda a mantê-los focados.

SIGA SEU FARO
Farejadores como bassês têm o olfato notavelmente sensível. Suas grandes orelhas caídas ajudam a direcionar odores.

Um farejador no rastro de um odor puxará a guia com força. Use uma coleira peitoral para distribuir a carga de maneira mais uniforme.

Crie o rastro de odor um pouco antes de sair com seu cão para a brincadeira.

Pastores

Não são muitos os donos de pastores que também têm um rebanho de ovelhas com que praticar. Felizmente, existem inúmeros lugares onde jovens pastores podem treinar com cães experientes e ovelhas acostumadas a eles. Para o restante de nós, há brincadeiras que podem ser feitas em casa, valendo-se dos instintos de nossas raças de pastores e nos propiciando, ao mesmo tempo, um controle adicional sobre seus movimentos quando estão a alguma distância de nós.

Comece movimentando o brinquedo para a sua direita, em sentido horário. Conforme seu cão segue nessa mesma direção, dê o comando "Por aqui". Elogie por seguir o brinquedo.

Ao mudar de direção e incentivá-lo a correr para a esquerda, ou em sentido anti-horário, você pode apresentar o comando "Por lá".

Comece com movimentos mais lentos no início para você ter o controle total da situação e seu cachorro não ficar tão entusiasmado a ponto de pular e agarrar o brinquedo.

Muitos cães do tipo *collie* também param no instante em que o animal que estão "pastoreando" para. Quando seu cão estiver seguindo o brinquedo, pare de movimentá-lo e apresente a palavra de comando apropriada ("Deitado" ou "Junto") assim que seu cão parar.

Uma mulher e seu cão

Se você observar cães pastores, começará a notar que eles tendem a correr em um grande arco em vez de fazê-lo em linha reta. Isso pode ser útil durante o adestramento, quando podemos ensiná-los a correr tanto em sentido horário ("Por aqui") como anti-horário ("Por lá"). Esses movimentos podem ser combinados a um comando para parar ("Junto" ou "Deitado") e se aproximar lentamente ("Venha devagar"), de modo a fornecer a instrução básica que seu cão precisaria para conhecer o trabalho de pastoreio.

Comece com um brinquedo pequeno preso a um cordão fino ou a uma vareta flexível (como uma vara de bambu ou um chicote de hipismo).

Direita Você pode aprender muitos outros comandos e técnicas de treinamento para condução de rebanhos de ovelhas filiando-se a um grupo de pastoreio especializado nesta atividade.

Ensine seu cão a se mover exatamente em direção ao brinquedo arrastando o último até você, devagar, pelo chão. Ao seguir o brinquedo bem lentamente, introduza o comando "Venha devagar".

Pratique todos estes comandos em separado durante muitas sessões de adestramento, até você exercer um bom controle sobre os movimentos de seu cão ao seu redor.

Galgos [Sighthounds]

A velocidade e o amor dos galgos pela perseguição são características muito conhecidas. Eles perseguem um brinquedo quando arremessado, porém, quando ele para, a tendência é que os galgos percam o interesse na brincadeira, deixando que você mesmo vá buscá-lo. Você pode tirar proveito dos instintos naturais de seu cão de perseguir pequenos objetos que se movam pelo chão ao mesmo tempo em que permanece no controle da brincadeira.

A diversão da caçada
1. Prenda um brinquedo macio à extremidade de um longo cordão fino. Atar o cordão com o brinquedo a um chicote de hipismo funciona bem, pois isso permitirá que você movimente o brinquedo com rapidez pelo chão e o lance de um lado ao outro.

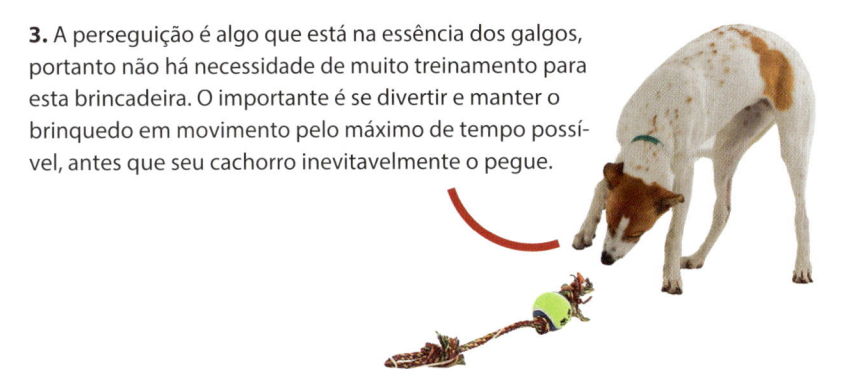

2. Você pode girar, fazendo com que o brinquedo descreva um grande arco ao seu redor, em um movimento rápido. Isso deve instigar seu cão a persegui-lo. Mude a direção de repente, faça movimentos aleatórios com o brinquedo e proporcione uma bela caçada a seu cachorro antes de deixar que ele o pegue.

3. A perseguição é algo que está na essência dos galgos, portanto não há necessidade de muito treinamento para esta brincadeira. O importante é se divertir e manter o brinquedo em movimento pelo máximo de tempo possível, antes que seu cachorro inevitavelmente o pegue.

Brincadeiras para Festas

Todas as pessoas gostam de saber uma boa piada ou dominar um truque legal para apresentar para a família e os amigos. Se você tiver um cão esperto que faça o que você manda, seus convidados com certeza ficarão ainda mais impressionados. Além disso, não há problemas em ver um cão fazer o mesmo truque mais de uma vez. O mesmo raramente se dá com a mesma piada! Muitas das brincadeiras de raciocínio já são divertidas e ótimas de assistir. Apresentamos a seguir mais algumas ideias para você experimentar.

Aperto de pata

Este é um truque comum no repertório da maioria dos donos de cães. Ensinar seu cachorro a estender as patas para você quando solicitado torna muito mais fáceis tarefas como secá-las, cortar unhas e verificar as almofadinhas.

	Brincadeira Interativa **O cão e o dono**
Local	Comece em uma área tranquila e confortável.
Nível de dificuldade	☆ Fácil.
Acessórios	Petiscos.

Inicie com uma pata

1. Muitos cães oferecem a pata naturalmente. Assim, torna-se fácil acrescentar um gesto e uma palavra de comando. A todos os demais cachorros, porém, você terá de ensiná-los a oferecer a pata.

Dica A maioria dos cães tentará chamar sua atenção ou pedir recompensas tocando-o com a pata. Atenda apenas quando você tiver solicitado a ação; caso contrário, corre o risco de incentivar o hábito.

2. Comece sentando em frente a seu cão, escondendo um petisco em uma de suas mãos. Estenda a mão que segura o petisco em direção a seu peludo e mantenha-a diante dele, na altura do peito, deixando que ele a cheire. Cães cujas costas sejam longas ou que tenham artrite não conseguirão levantar demais suas patas; portanto, drible isso mantendo sua mão a uma altura menor.

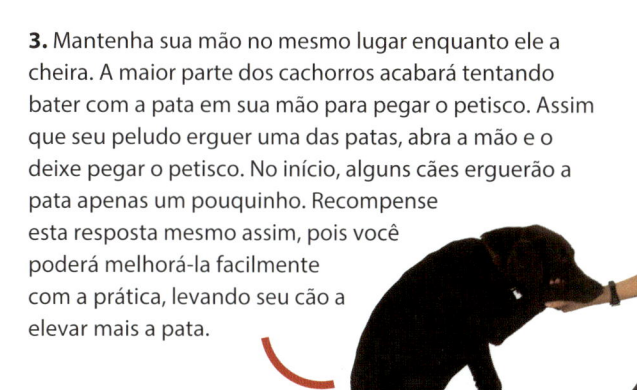

3. Mantenha sua mão no mesmo lugar enquanto ele a cheira. A maior parte dos cachorros acabará tentando bater com a pata em sua mão para pegar o petisco. Assim que seu peludo erguer uma das patas, abra a mão e o deixe pegar o petisco. No início, alguns cães erguerão a pata apenas um pouquinho. Recompense esta resposta mesmo assim, pois você poderá melhorá-la facilmente com a prática, levando seu cão a elevar mais a pata.

4. Quando seu peludo estiver colocando a pata em sua mão com facilidade, você pode começar a dizer o comando verbal "Aperto de Pata". Pratique até ele conseguir estender a pata assim que ouvir o comando.

Lembre-se de passar a dar o petisco com a outra mão quando seu peludo já estiver levantando a pata e colocando-a em sua mão.

Passe a manter sua mão aberta

Quando seu cão tiver realmente aprendido o truque Aperto de Pata, é provável que você não precise mais ter um petisco escondido na mão. Seu comando verbal e sua mão aberta e estendida devem ser suficientes para que você consiga a resposta correta de seu peludo.

Agora, a outra...

Depois de ter conseguido ensinar seu cão a dar o Aperto de Pata ao seu comando, você pode ensiná-lo a erguer a outra pata. Para incentivá-lo a fazer isso, você deve manter a mão com que segura o petisco mais perto da outra pata ou até mesmo usar a outra mão. Você precisa usar um comando verbal diferente, tal como "A Outra". Tenha paciência e não responda quando ele erguer a primeira pata que aprendeu a oferecer.

A mão direita leva o cão a erguer a pata esquerda.

Direita e esquerda

1. Quando seu cão estiver craque em oferecer ambas as patas ao seu comando, você pode criar um truque divertido. Peça que ofereça a pata direita...

2. ... e, em seguida, a esquerda. A técnica para ensinar este truque e os comandos são os mesmos; você só tem de uni-los em uma sequência de movimentos.

Acenar "oi" e "tchau"

Para estimular o "aceno", você deve fazer a brincadeira do "Aperto de Pata" normalmente, mas mantendo sua mão um pouco afastada de seu cachorro para ele ter de esticar a pata a fim de tentar tocá-la. Quando ele estender a pata, elogie e dê a recompensa. Repita esta etapa tanto quanto necessário, até que seu cão a esteja realizando com facilidade.

	Brincadeira Interativa **O cão e o dono**
Local	Qualquer um. Fica lindo quando seu cão o fizer ao receber visitas ou despedir-se delas.
Nível de dificuldade	☆☆ **Médio.** Ensine primeiro os comandos "Sentado" e "Aperto de Pata".
Acessórios	Petiscos.

Como começar a ensinar um aceno

1. Para ensinar esta brincadeira, você deve fazer com que seu cão estique a pata para cima, mas sem realmente tocar sua mão. O resultado é que ele parecerá estar acenando.

2. Quando seu cão estiver sentado, estenda a mão que segura o petisco, colocando-a diante dele, mas a uma altura um pouco maior do que você colocou para ensinar o Aperto de Pata.

Dica Alguns cães demonstram pouco interesse quando se lhes estende a mão com um petisco. Se este for o caso de seu cachorro, talvez você precise incitá-lo usando um tom de voz bem animado.

3. Assim que ele fizer o movimento de acenar, você pode começar a movimentar sua mão, como em um leve aceno. Você também pode introduzir seu comando verbal "Aceno".

4. Dê um petisco e elogie seu cãozinho assim que ele reagir corretamente. Pratique até que ele consiga fazer o truque tão logo veja ou ouça seu sinal.

Um petisco saboroso é um excelente motivador.

Aceno em pé

Caso seu cão tenha a coluna muito longa ou problemas para sentar sobre os quadris, ele pode aprender a acenar enquanto está em pé. Use as mesmas técnicas para incentivar seu cão a esticar as patas em direção à sua mão. Repita isso até que ele esteja movimentando as patinhas no ar com segurança. Introduza o comando verbal e você terá um verdadeiro espetáculo canino!

Senta e acena

1. Se seu cãozinho tiver condições físicas suficientes para sentar-se sobre os quadris, então você pode ensiná-lo a sentar e acenar com as duas patinhas ao mesmo tempo. Em geral, os cães ficam meio desequilibrados quando começam a tentar fazer isso, portanto não o apresse. Diga para seu cão sentar. Segure um petisco perto de seu focinho, para ele cheirar.

2. Movimente o petisco devagar, levantando-o acima da cabeça de seu peludo. Para segui-lo, ele terá de sentar apoiado sobre os quadris. No instante em que ele o fizer, dê a recompensa. Nas sessões seguintes, você passará a ensiná-lo como sentar cada vez mais ereto e manter-se nesta posição por mais tempo.

3. O próximo passo é introduzir o comando "Aceno", que seu cachorro já conhece. Talvez você precise voltar a fazer com que ele toque sua mão com a pata, mas ele conseguirá passar depressa ao já familiar "Aceno". Continue recompensando tentativas bem-sucedidas até que ele esteja acenando corretamente.

Gira-gira

Girar é uma brincadeira que pode ser lenta e constante ou rápida e eletrizante, dependendo do tamanho e condicionamento físico de seu cão.

	Brincadeira Interativa **O cão e o dono**
Local	Em uma área onde seu cão possa girar com segurança.
Nível de dificuldade	☆ Fácil
Acessórios	Petiscos ou um brinquedo.

Giros em sentido horário

1. Segure um petisco e deixe seu cachorro cheirá-lo. Movimente o petisco devagar, para um dos lados, em volta de seu cão, de modo que ele tenha de virar a cabeça para manter contato visual com o alimento. No início, você deve recompensar esse pequeno movimento, embora ele constitua apenas cerca de um quarto de um giro.

2. Aos pouquinhos, você pode atrair seu cão a girar em torno de si, recompensando cada avanço.

3. Incentive seu cãozinho a continuar o círculo gradativamente até ele conseguir completar, com entusiasmo, os 360 graus, seguindo sua mão. Recompense bem sempre que ele seguir o movimento giratório do petisco.

No início, mantenha sua mão girando logo acima da cabeça de seu peludo.

COMO REDUZIR A AMPLITUDE DO MOVIMENTO DA MÃO
Quando seu cão tiver associado o sinal à ação de girar, você pode começar a reduzir a amplitude de seu gesto com a mão. À medida que pratica, faça o círculo cada vez menor e a uma altura maior.

Por fim, você poderá fazer apenas um pequeno movimento com a mão, como se estivesse começando a fazer o sinal do "círculo". Se ele tiver compreendido a brincadeira, ficará feliz em sair girando.

> **DICA** Girar pode ser um comportamento compulsivo em cães e provocar problemas físicos. Se isso se aplicar a seu cão, tente lhe ensinar outra brincadeira em lugar desta. Por outro lado, é útil ensinar um cão que queira chamar a atenção com seus giros a fazê-lo apenas quando solicitado, pois ele aprenderá que vale a pena girar tão somente quando você o pedir (pois só então é que ele recebe recompensas).

A maioria dos cães costuma preferir girar em um sentido a girar no outro; portanto, aperfeiçoe aquele em que ele tiver mais dificuldade.

AGORA, EM SENTIDO ANTI-HORÁRIO
1. É bom ensinar seu cão a girar com a mesma facilidade nas duas direções. Use a mesma técnica para incentivá-lo, mas em sentido anti-horário.

2. Introduza a palavra de comando. Escolha uma palavra para o giro em sentido horário e outra para o giro em sentido anti-horário. Exemplos de comandos podem ser: "Gire" e "Rodopie".

3. É melhor ensinar cada giro em ocasiões diferentes, para evitar que seu cachorro fique confuso. Lembre-se do comando associado a cada direção!

4. Alguns cães relutam em fazer o círculo inteiro nas primeiras etapas do aprendizado. Recompense mesmo pequenos movimentos na direção correta. Da próxima vez, você conseguirá um pouquinho mais.

Rolar

O truque de rolar pode vir depois da ação de deitar e é adequado a cães de todas as idades, desde que estejam com boa saúde. Aqueles de raças muito grandes podem ter mais dificuldade de virar sobre si mesmos, portanto avalie bem a habilidade física de seu peludo.

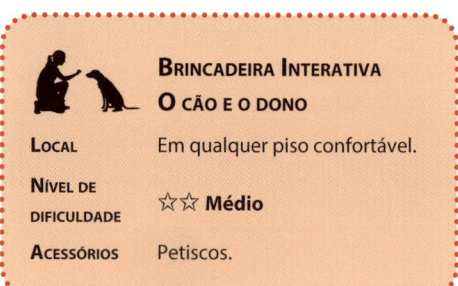

	Brincadeira Interativa **O cão e o dono**
Local	Em qualquer piso confortável.
Nível de dificuldade	☆☆ Médio
Acessórios	Petiscos.

Como ensinar a rolar
1. Comece fazendo com que seu cão se deite à sua frente. Decida para que lado você quer que ele role. Isso pode depender do lado dos quadris sobre o qual ele tende a se deitar. Se os quadris penderem para um lado em particular, é mais fácil optar por rolá-lo a partir dali.

2. Segure um petisco perto do focinho de seu peludo e o deixe cheirá-lo. Mova sua mão devagar, passando-a por cima do ombro de seu cãozinho até ele virar a cabeça para acompanhá-la. Se você for bem devagar, ele naturalmente jogará o peso sobre o ombro. Dê o petisco assim que conseguir que ele faça isso.

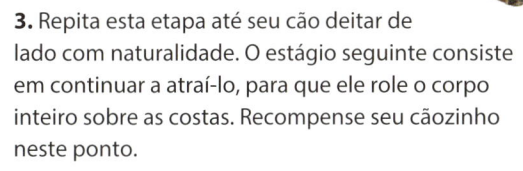

3. Repita esta etapa até seu cão deitar de lado com naturalidade. O estágio seguinte consiste em continuar a atraí-lo, para que ele role o corpo inteiro sobre as costas. Recompense seu cãozinho neste ponto.

Alguns cães acabam rolando a partir desta posição, ao passo que outros precisam continuar a ser incentivados para completar a volta. Subdivida o movimento em quantas partes forem necessárias para seu cão.

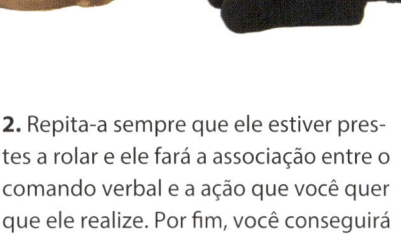

Introduza um comando

1. Quando seu cachorro já tiver pegado o jeito de rolar seguindo o petisco e estiver fazendo com facilidade, você pode introduzir a palavra de comando durante o movimento – "Rola".

2. Repita-a sempre que ele estiver prestes a rolar e ele fará a associação entre o comando verbal e a ação que você quer que ele realize. Por fim, você conseguirá fazer com que ele role, alegre, assim que você disser a palavra de comando.

3. Sempre ajuda oferecer um petisco. O movimento da mão para este comando é um arco, em virtude da maneira como você instiga seu cão a rolar sobre si mesmo. No início, este gesto precisa ser amplo, mas, com a prática, você poderá reduzi-lo a um pequeno movimento de sua mão.

> **Dica** Cuidado com a posição de seu braço quando estiver ensinando o truque de Rolar. Ele deve permanecer dobrado e descrever um arco amplo em torno de seu cão, permitindo que as perninhas dele acompanhem o movimento giratório sem tocar em você.

Rolar e rolar e rolar

Com prática suficiente, seu cão conseguirá rolar várias vezes em sequência, produzindo um efeito ainda mais interessante. No começo, talvez você tenha de recompensá-lo a cada vez que ele rolar, mas, quando seu peludo tomar gosto pela brincadeira, poderá fazer uma série inteira por uma bela recompensa ao final.

Fingir-se de morto

Dê um toque de drama com seu cão ao fazer a brincadeira de Fingir-se de Morto, um truque excelente para divertir sua família e seus amigos. Esta é uma ótima opção para cães que não conseguem rolar.

	Brincadeira Interativa — O cão e o dono
Local	Em qualquer piso confortável.
Nível de dificuldade	☆☆☆☆ **Avançado**
Acessórios	Petiscos e um tapete, se o chão estiver frio ou for desconfortável.

Primeiro, ensine seu cão a deitar de lado

Comece fazendo com que seu cão se deite. Ajoelhe-se diante dele e use um petisco para persuadi-lo a virar a cabeça lentamente para um dos lados. À medida que for virando a cabeça, ele começará a se inclinar sobre o ombro até deitar sobre o lado. Recompense este movimento, mas esteja preparado para aceitar avanços menos significativos caso seu peludo não esteja totalmente à vontade. Continue praticando até você conseguir fazer seu cão deitar de lado com facilidade. Se ele ainda não o estiver fazendo, atraia sua atenção de maneira que ele se deite completamente estendido no chão. A partir daí, comece a oferecer recompensas extras para ele aprender a permanecer assim deitado por mais tempo.

Agora, introduza um sinal com a mão

Enquanto pratica, você pode começar a criar um gesto para esta brincadeira. Talvez você queira simular um "revólver" com a mão para acrescentar mais detalhes à brincadeira. Por fim, a simulação do "revólver" com a mão será seu comando gestual. No início, exagere no arco que você descrever com a mão quando instigar seu cachorro. Este movimento deve ser reduzido aos pouquinhos. Seu comando verbal para este truque pode ser "Morto". Introduza-o quando seu cão estiver assumindo a postura com facilidade. Caso você não goste da ideia de uma brincadeira de fingir-se de morto, pode simplesmente chamá-la de Desmaie ou Estendido no Chão.

Experimente posições diferentes

Pratique até seu cachorro conseguir deitar no chão e permanecer ali, relaxado, pelo tempo que você determinar. Espere até ele ficar imóvel para elogiá-lo e dar os petiscos. A cauda abanando é um bom indicador de que ele está se divertindo, mas pode arruinar sua apresentação! Se você praticar bastante, ele conseguirá tombar a partir da posição sentada ou sobre as quatro patas.

Dê um toque final ao truque ensinando-o a cobrir os olhos com a patinha enquanto ele realiza esta dramática encenação de Fingir-se de Morto.

Rastejar

O ato de rastejar pode ser usado sozinho ou como parte de outras brincadeiras, tais como a Dança do Limbo, ou ainda se associar a outros atos em uma única sequência criada por você. A maneira como seu cão rasteja dependerá em grande parte de sua estrutura corporal e de seu tamanho. Cães menores tendem a se arrastar rapidinho, ao passo que cachorros maiores costumam "saltar como coelhos", com o impulso de suas patas traseiras.

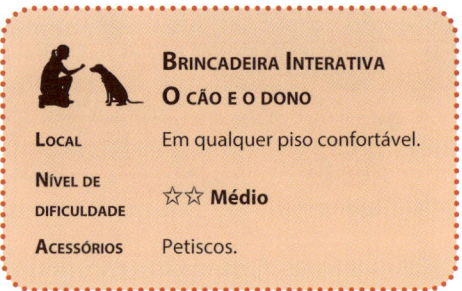

	Brincadeira Interativa
	O cão e o dono
Local	Em qualquer piso confortável.
Nível de dificuldade	☆☆ Médio
Acessórios	Petiscos.

Primeiro use uma isca

1. Comece fazendo com que seu cão se deite. Pegue um petisco e deixe-o cheirar. Vá afastando o petisco de seu cachorro bem devagar, de modo que, para continuar a cheirá-lo e lambê-lo, ele tenha de se arrastar para a frente.

2. Assim que ele o fizer, dê o petisco. Vá com calma e recompense cada movimento para a frente. Caso ele se levante, apenas faça com que ele se deite novamente e recomece, indo com mais calma da próxima vez.

Cães maiores costumam, em geral, levantar os quadris.

3. Se ele persistir em levantar, tente persuadi-lo a passar por baixo de sua perna ou de uma cadeira para reforçar a posição correta.

- -

Depois, ensine um sinal

1. Quando ele estiver se arrastando para a frente, apresente seu comando verbal "Rastejar" e continue elogiando. Com a prática, seu cão conseguirá "rastejar" ainda mais longe.

2. Você não precisará mais segurar petiscos e poderá usar um gesto de mão mais simples como comando para o truque.

> **Dica** Se você já tiver ensinado seu peludo a tocar um marcador com as patas, você pode usar um para incentivá-lo a se arrastar para a frente. Segure o marcador uns 2,5 centímetros à frente das patas de seu cão. Recompense-o por arrastar-se para tocá-lo. Bem devagar, vá afastando o marcador para ele ter de rastejar para tocá-lo outra vez.

Hora de dormir!

Este truque é lindo de ver e sempre impressiona amigos e familiares. Seu cão deverá deitar sobre seu cobertorzinho e, quando você disser "Hora de Dormir", ele puxará o cobertor sobre si, como se estivesse indo dormir.

Esta brincadeira compõe-se de movimentos bastante simples, mas os cães podem ter dificuldade de realizá-los em sequência, a menos que você a subdivida em partes pequenas, que devem ser praticadas separadamente, à exaustão.

	Brincadeira Interativa **O cão e o dono**
Local	Qualquer lugar onde seu cão se sentir à vontade e com espaço suficiente para deitar.
Nível de dificuldade	☆☆☆☆☆ **Expert. Um verdadeiro desafio de raciocínio.** Primeiro, ensine os comandos "Deitado" e "Pega" e, em seguida, a deitar, como na brincadeira Fingir-se de Morto.
Acessórios	Um cobertor e petiscos.

Comece ensinando seu cão a deitar no chão

1. Seu cachorro deve deitar sobre um lado do cobertor. Passe algum tempo ensinando-o a deitar no chão, como na brincadeira de Fingir-se de Morto. Ele deve deitar de modo que suas patas fiquem voltadas para o meio do cobertor.

Ele precisa se sentir muito confortável fazendo isso antes que você passe à próxima etapa do truque.

2. Durante as sessões de treinamento, dê o comando para seu cão pegar a ponta do cobertor com a boca. Alguns cães preferirão que você primeiro dê um nó nessa ponta. Talvez demore um pouco para seu cachorro se acostumar a segurar tecido desta forma, por isso vá bem devagar até que ele consiga segurar o cobertor com firmeza.

3. Agora, você pode juntar as duas atividades. Dê o comando para ele pegar a ponta do cobertor que você estender e, imediatamente a seguir, para deitar estendido no chão. (Se você já utiliza o comando "Morto" para conseguir esta postura, use-o.) É provável que seu cão se deite, puxando o cobertor sobre si.

Se ele conseguir, elogie e ofereça um petisco delicioso. Repita esta sequência algumas vezes para ter certeza de que seu peludo compreendeu que ela lhe proporciona recompensas incríveis.

A PARTE FINAL REQUER MUITA PRÁTICA

Se seu cãozinho soltar a ponta do cobertor antes de deitar no chão, volte e reforce a parte da brincadeira em que ele tem de pegar e segurar o cobertor. Continue praticando por várias sessões e então comece a introduzir suas novas palavras de comando antes da antiga ("Boa noite, morto"). Aos poucos, ele começará a entender o que o comando "Boa noite" está indicando e você terá um truque divertido para exibir nas reuniões sociais em sua casa. Por fim, você poderá incentivar seu cão a pegar o cobertor sozinho antes de cobrir-se com ele. Isso conclui a apresentação.

Truques em grupo para festas

Se você tiver mais de um cão, pode criar brincadeiras que envolvam todos eles. Se quiser treinar truques para festas, então você deve primeiro se concentrar em ensinar a ação individualmente a cada cachorro. Depois, reúna os cães. Alguns truques ficam fantásticos com vários deles. Eles incluem:

Rolar duplo
Dois cães deitam e rolam ao ouvir o comando. Abra espaço suficiente entre os cães para eles não trombarem um no outro caso o movimento não saia exatamente como planejado.

Aceno em grupo
Peça para todos os seus cães sentarem em uma fila organizada e, em seguida, despedirem-se de seus convidados com um aceno. Quanto mais patas acenando, maior a diversão!

Misturar e combinar
Você pode tentar algo mais avançado e pedir que cada cachorro faça um truque diferente, todos ao mesmo tempo. Os cães devem se sentir à vontade na presença uns dos outros e cada um deve ter espaço suficiente para realizar seu truque com segurança.

Erguer um dos pés é o sinal de comando desta dona para um aceno em grupo.

Brincadeiras Competitivas

Se você tiver uma natureza mais competitiva e gostar de estimular os talentos de seu cão para ele superar os outros, existem grupos formais para cães a que você pode aderir. Para muitos, esses grupos constituem uma válvula de escape para liberar a energia e os instintos de seu peludo. Fazer parte desses grupos costuma ser divertido, além de proporcionar um ótimo contato social com outros donos de cães. Escolha um esporte que seja adequado ao seu gosto e às habilidades físicas de seu cão para que a diversão seja máxima para ambos. Descreverei a seguir algumas das opções que você pode encontrar.

O *Agility* [Agilidade] é provavelmente um dos mais conhecidos esportes caninos de competição. Os donos têm de conduzir seus cães (sem guia) por uma pista com diversos obstáculos. O percurso inclui saltos, túneis e cavaletes e deve ser feito com o menor número possível de faltas e no menor tempo possível. A vitória

Abaixo Cães de todos os tamanhos e tipos físicos podem participar de competições de *agility*. A altura das barreiras varia de acordo com o tamanho dos cães.

Acima O *flyball* é um jogo de revezamento muito rápido e dinâmico. Cada cão de um time corre por uma pista com obstáculos até chegar a uma caixa, que arremessa uma bola. O cão deve pegá-la e correr de volta à linha de largada, onde "passa a vez" ao próximo membro do time.

bilidade física do cão, mas também da dedicação do dono ao treinamento, da clareza dos sinais (tanto dos comandos verbais quanto daqueles dados por meio de linguagem corporal) e da capacidade de um acompanhar o outro ao longo da corrida! O *mini-agility* também é muito popular, de modo que os cães menores não precisam ficar de fora deste esporte excelente.

O **Flyball** é um jogo que exige precisão e muita energia. Nele, um time de cães deve correr, um a um, vencendo obstáculos, até uma caixa, que o cão aciona com as patas. Essa caixa lança uma bola ao ar e o cão deve pegá-la. Então, levando a bola, ele precisa correr de volta ao início, onde o próximo integrante do time aguarda sua vez. A corrida é cronometrada e os times tentam evitar erros durante o percurso.

O *Frisbee*, **Lançamento de Disco** ou **Disc Dog** é um jogo cada vez mais popular. Ele leva a corriqueira brincadeira do parque a um novo nível, que exige velocidade e precisão tanto por parte do cachorro quanto de seu treinador. O objetivo é que o cão agarre e devolva o *frisbee* o máximo de vezes possível em um determinado espaço de tempo. Lançamentos a

Esquerda Em competições de *disc dog*, os cães ganham pontos ao agarrar o disco. A quantidade de pontos varia de acordo com a distância do lançamento e manobras como esta para pegar o disco em pleno ar valem pontos adicionais. Os competidores têm 60 segundos por rodada.

a atmosfera da música renderão pontos. No *Heelwork to music*, a dupla de dono e cão deve se movimentar em sincronia, enquanto o *freestyle* permite maior independência de movimentos para expressar o espírito da música.

Direita No *Freestyle* Canino, os competidores costumam vestir fantasias que combinem com a música escolhida para dançar, em sincronia, com seus cães.

grande distância e manobras mais complexas para agarrar o disco garantem pontos adicionais.

A **Obediência** é uma atividade canina extremamente controlada que exige total precisão de movimentos e respostas perfeitas aos comandos do dono. São necessários muito tempo e dedicação para atingir os altos padrões e o pleno controle a distância que são exigidos.

No **Heelwork to Music** ou no **Freestyle Canino**, duplas de dono e cão cuidadosamente coordenadas realizam uma *performance* coreográfica no ritmo da música escolhida. Precisão e movimentos complexos que acompanhem o tempo e expressem

Acima O esporte de perseguição à presa tenta estimular os instintos naturais dos galgos de correr em busca da caça. Uma presa artificial é amarrada a um cordão que é puxado ao longo de um percurso irregular por um motor elétrico.

Competições para cães da terra. Se seu *terrier* não se adequa aos esportes caninos mais formais, talvez ele goste de participar de competições para cães da terra. Este esporte permite que *terriers* e bassês sigam seus instintos em uma arena competitiva sem que pequenos animais venham a se machucar no processo. O objetivo desses grupos é manter e preservar as habilidades naturais dos *terriers*. As competições envolvem túneis subterrâneos artificiais que os cães precisam transpor enquanto farejam um rato, que é sua presa.

Perseguição à Presa. Este esporte é uma opção para donos de galgos. Ele visa oferecer uma forma de atender aos instintos naturais de seu cão em um ambiente seguro, sem machucar qualquer animalzinho.

Mergulho de Prancha ou *Splash Dogs*. Cães que adoram água amarão este esporte canino divertido e dinâmico. A competição exige que os cães pulem na água de uma rampa para pegar um brinquedo. Este esporte é mais comum em

Capítulo 16

Acima O mergulho dos cães é julgado de acordo com a distância ou a altura que alcançam ao saltar de um píer ou prancha dentro de uma massa d'água.

áreas quentes, mas sua popularidade está crescendo, provavelmente em virtude de toda a diversão que proporciona a cães e donos participantes.

Rastreamento. Existem diversos níveis desta atividade para agradar à maioria dos cães que tenham um faro apurado. Alguns grupos treinam para provas de rastreamento em que os cães seguem uma trilha deliberadamente traçada para encontrar a pessoa "perdida". Para aqueles leitores com bastante tempo disponível, um treinamento formal de Busca e Resgate também é uma opção. Os cachorros terão de participar de muitos treinos de corrida, a fim de estarem preparados para buscas reais, com que você pode ser chamado a colaborar.

CaniX é um esporte que pode ser praticado por todas as raças, independentemente do nível de condicionamento físico. Se você gosta de correr, então este é um esporte ideal de que participar. Ocorrem corridas regulares ao longo do ano, nas quais são admitidas quaisquer pessoas, a partir dos 11 anos de idade. Treine para as corridas de 2,5 quilômetros e prepare-se. Todas as raças são bem-vindas, desde que tenham condicionamento e saúde suficiente para correr.

Costuma-se pensar que a **Corrida de Trenó** seja adequada apenas para *huskies* siberianos ou malamutes-do-alasca. Entretanto, nos dias de hoje, existem muitas outras raças afora as originárias do norte que participam delas. Nele, um grupo de cães fortes e em boa forma física deve puxar um trenó guiado pelo dono. Não se preocupe caso você não viva em uma área de neve, pois times de cães puxadores de trenó também podem puxar trenós com rodinhas ao longo de gramados.

Provas de campo. O objetivo deste esporte é aprimorar as habilidades de raças de cães de caça por meio de uma atividade que se parece muito com seu propósito original. Os detalhes a respeito do que seu cão terá de fazer dependerão do tipo de cão de caça que você possui. O melhor é ingressar em seu grupo local de provas de campo ou observá-los em Feiras de Jogos para ver se este esporte seria adequado a você.

Abaixo É preciso estabelecer com cuidado a harmonia em times de cães puxadores de trenó para que atuem como uma unidade. Além disso, os times são reunidos com grande cautela.

Acima Uma prova de pastoreio é um esporte competitivo em que um cão pastor conduzirá ovelhas por um campo, por porteiras e para dentro de áreas cercadas, de acordo com o comando de seu adestrador.

Provas de Pastoreio. Talvez você fique surpreso em saber que nem todos os cães pastores desempenham a mesma função. Pastores britânicos como o *border collie* são criados para reunir ovelhas espalhadas por uma encosta, afastando-as dali. Eles precisam ser capazes de trabalhar a uma grande distância de seu dono para realizar sua tarefa. Raças que eram usadas para vigiar rebanhos criados nas montanhas continentais tinham de atuar principalmente como protetoras do gado, visto que os animais eram mantidos em espaços menores e o maior risco vinha dos predadores. Dependendo da história natural da raça de seu cão, você pode encontrar um grupo de pastoreio que atenda às suas necessidades.

Rali de Obediência. Neste novo esporte divertido, dono e cão devem percorrer um trajeto estabelecido pelos juízes. Em cada ponto de parada, eles encontram uma tarefa de obediência que precisam cumprir. O adestrador deve solicitar que o cão realize o truque sem usar alimentos ou brinquedos.

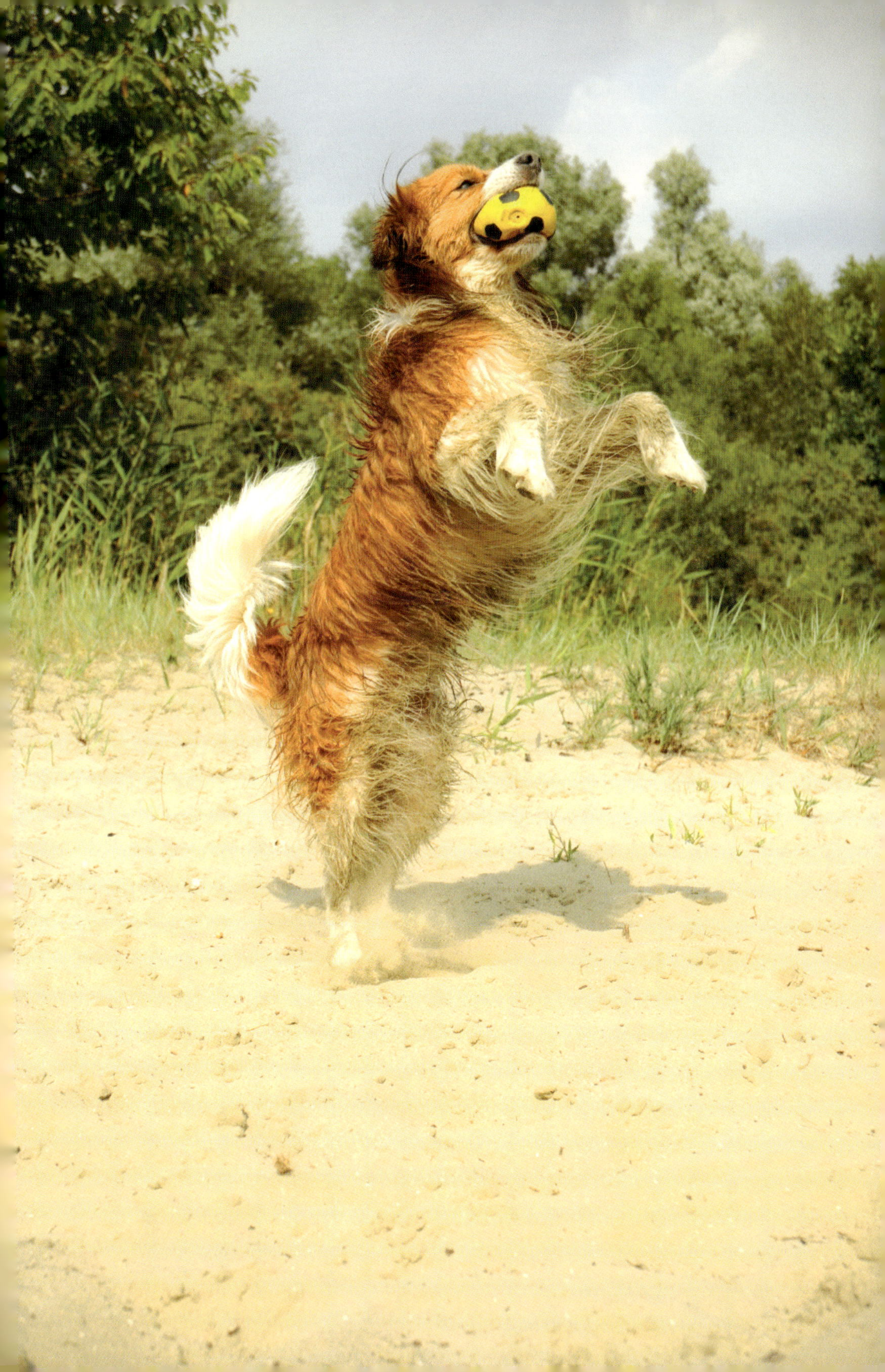

Agradecimentos

Agradeço a todos que participaram da produção e do desenvolvimento deste livro, em todas as suas etapas. Agradeço a meus colegas que sugeriram a inclusão de ideias inspiradas em algumas de suas brincadeiras prediletas. Também sou muito grata à adestradora Sue Ottmann, por seu inestimável auxílio nas sessões de fotografia e por ajudar-me a reunir donos e cães tão adoráveis. Gostaria ainda de agradecer meu marido Ross por apoiar-me mais uma vez e ter paciência quando eu ficava digitando até altas horas da noite, bem como expressar minha gratidão a Ruth Nicholls, que sacrificou parte de seu tempo para revisar meu texto e fazer seus comentários tão úteis. Sou imensamente grata a todos os donos que dedicaram um pouco de seu tempo e emprestaram seus cães tão bem treinados para as fotografias: Ade Akinlaja, Kathryn Baker, Samantha Clark, Jill e Les Craddock, a sra. Crome, Maggie Foster, Gill Hutton, Sheila Gordon, Heather Leach, Jean e Kate Manson, Prashant Navaratnarajah, Sheila Odi, Tania e Graham O'Donnell, Naomi Ollington, Sue Ottmann, Jon Pick, Mari Roberts, Daniella Sines, Jim Stevenson, Liz Stott, Sarah Treagus, Marie Usher, Josh Whitehead, Christine Wilkey, Nicola Wilkinson. Foi maravilhoso trabalhar com vocês.

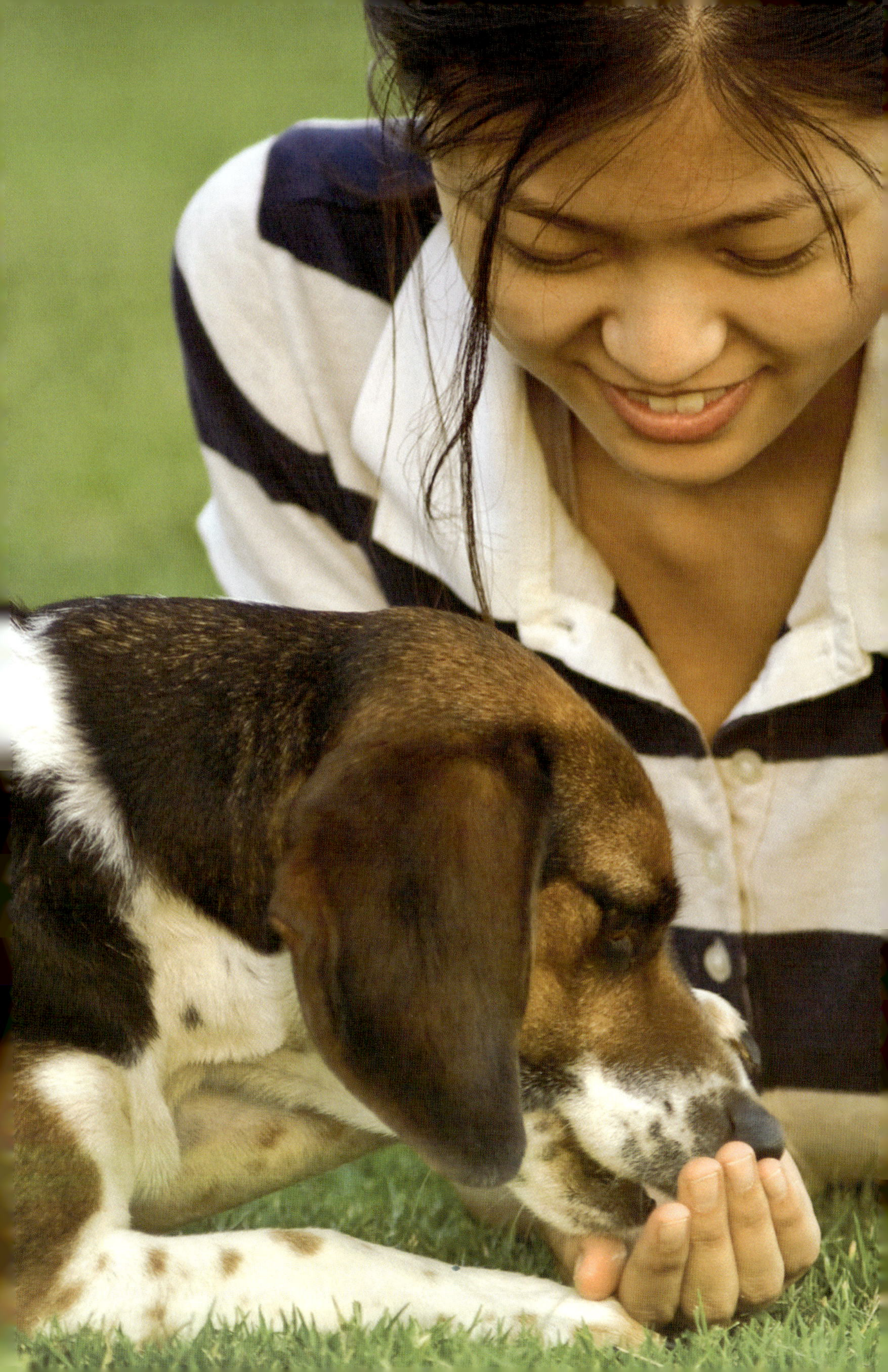

CRÉDITOS DAS FOTOGRAFIAS

Todas as fotografias deste livro, salvo aquelas cujos créditos são mencionados aqui, foram tiradas em favor de Interpet Publishing, que detém todos os direitos reservados sobre elas.

Jane Burton, Warren Photographic: p. 60 inferior esquerda, 140 (Pastor Alemão), 141 (Spinone Italiano).

Crestock.com
Yuri Arcurs: 18 topo. Godfer: 18 inferior direita.

Dreamstime.com
Arekdadej: 56 centro (cão). Colleen Crowley: 50 superior direita. EastWest Imaging: 53 inferior direita. Kessu1: 51 inferior esquerda. Erik Lam: 49 centro direita. Ljupco: 40 superior. Nivi: 45 inferior. Raycan: 53 centro (cão). Damian Stoszko: 42 inferior direita. Marzanna Syncerz: 27 superior. Simone van den Berg: 49 inferior direita. Anke Van Wyk: 25 inferior direita.

fotolia.com
Yuri Arcurs: 14 superior esquerda. Bertys30: 23 superior. Biglama: 52 superior direita. CallallooAlexis: 8 superior; 16. Carnivore: 21 inferior esquerda. Clearviewstock: 214. Crimson: 212 superior direita. Dagel: 55 superior direita. Dngood: 51 inferior direita. EastWest Imaging: 43 inferior direita. Pontus Edenberg: 213 superior. Harvey Hudson: 23 inferior. Eric Isselée: 17 inferior direita. Valeriy Kirsanov: 13 superior esquerda. Jesse Kunerth: 22 superior. Monkey Business: 24 inferior. Lee O'Dell: 138 superior e inferior. Mikko Pitkänen: 6 inferior; 34 centro. Joe Pitz: 34 superior esquerda. Racerunner: 52 centro. Shevs: 17 inferior esquerda. Sima: 22 inferior direita. Sparkmom: 25 superior. Alexey Stiop: 28 superior. Antonio Vitale: 55 superior esquerda. Ivonne Wierink: 15 inferior esquerda. Sandra Zuerlein: 13 superior direita.

iStockphoto.com
Brian Asmussen: 31 superior direita. Thomas Bedenk: 40 inferior. Daniel Bobrowsky: 54 superior. Carrie Bottomley: 33 inferior direita; 8 inferior direita. Dan Brandenburg: 41. Patty Colabuono: 190 superior esquerda. Cpaquin: 33 centro (recipiente). Jaimie Duplass: 131 superior direita. Adam Edwards: 12 inferior. Donald Erickson: 32 inferior esquerda; 33 superior esquerda (petiscos soltos). Kirk Geisler: 20 superior. Eric Hull: 211 inferior. Iofoto: 59 inferior. Eric Isselée: 58 superior. Fenne Kustermans: 57

inferior. Li Kim Goh: 33 superior esquerda. Drew Hadley: 30 esquerda. Sirko Hartmann: 20 inferior. Stephanie Horrocks: 13 inferior direita. Henk Jelsma: 21 superior esquerda. Peter Kim: 28 inferior. Erik Lam: 15 inferior direita; 41 inferior direita. Joris Louwes: 51 superior. Joanna Pecha: 30 direita. Benoit Rousseau: 213 inferior direita; Yulia Saponova: 57 superior direita. Rui Saraiva: 186 (tubo). Boris Shapiro: 21 centro esquerda. Lisa Svara: 14 inferior. Lisa Kyle Young: 211 superior esquerda.

Kruuse UK Ltd: 83 meio (*Buster bone* e cubo).

Shutterstock.com
Hagit Berkovich: 52 inferior. Jo-Lin: 210 inferior esquerda. Vladislav Lebedinski: 19. Iztok Nok: 138 centro esquerda. Simone van den Berg: 35 inferior centro. Elliot Westacott: 41 inferior esquerda; 56 superior esquerda.

MADRAS® Editora
CADASTRO/MALA DIRETA

Envie este cadastro preenchido e passará a receber informações dos nossos lançamentos, nas áreas que determinar.

Nome _____
RG _____ CPF _____
Endereço Residencial _____
Bairro _____ Cidade _____ Estado _____
CEP _____ Fone _____
E-mail _____
Sexo ❑ Fem. ❑ Masc.   Nascimento _____
Profissão _____ Escolaridade (Nível/Curso) _____

Você compra livros:
❑ livrarias   ❑ feiras   ❑ telefone   ❑ Sedex livro (reembolso postal mais rápido)
❑ outros: _____

Quais os tipos de literatura que você lê:
❑ Jurídicos   ❑ Pedagogia   ❑ Business   ❑ Romances/espíritas
❑ Esoterismo ❑ Psicologia ❑ Saúde   ❑ Espíritas/doutrinas
❑ Bruxaria   ❑ Autoajuda   ❑ Maçonaria ❑ Outros:

Qual a sua opinião a respeito desta obra? _____
_____

Indique amigos que gostariam de receber MALA DIRETA:
Nome _____
Endereço Residencial _____
Bairro _____ Cidade _____ CEP _____

Nome do livro adquirido: <u>Brincadeiras de Raciocínio para Cães</u>

Para receber catálogos, lista de preços e outras informações, escreva para:

MADRAS EDITORA LTDA.
Rua Paulo Gonçalves, 88 – Santana – 02403-020 – São Paulo/SP
Caixa Postal 12183 – CEP 02013-970 – SP
Tel.: (11) 2281-5555 – Fax.:(11) 2959-3090
www.madras.com.br

Este livro foi composto em Minion Pro, corpo 11,5/15.
Papel Couche 115g
Impressão e Acabamento
Intergraf – Soluções Gráficas – Rua André Rosa Coppini, 90
– Planalto/São Bernardo do Campo/SP
CEP 09895-310 – Tel.: (011) 4391-9797